일급 비밀

일곱 비밀

1판 1쇄 인쇄 2022년 8월 20일
1판 1쇄 발행 2022년 8월 25일

지은이 김서택
발행인 한동인
펴낸곳 (주)씨뿌리는사람
등록번호 제2006-4호
주　　소 경기도 이천시 경충대로 2096-4
　　　　　(서울사무소) T. 741-5181, 4 F. 744-1634

책값은 뒤표지에 있습니다.

ISBN 978-89-90342-58-4

Web www.kclp.co.kr

"천국은 마치 사람이 자기 밭에 갖다 심은 겨자씨 한 알 같으니 이는 모든 씨보다 작은 것이로되 자란 후에는 나물보다 커서 나무가 되매 공중의 새들이 와서 그 가지에 깃들이느니라"(마 13:31-32)

공급처 기독교문사 도매부 T. 741-5181~3 F. 762-2234

일급 비밀

김서택

씨뿌리는사람

Prologue

프·롤·로·그

　우리는 모두 자기 나름의 옛날 비밀을 하나씩 가지고 있습니다. 어떤 사람은 그 비밀을 무덤까지 가지고 가야 한다고 합니다. 하나님에게도 오랜 시간 가슴에 품으신 비밀이 있었습니다. 그것은 바로 하나님 아들의 존재입니다. 그리고 언젠가 모든 이방인은 이 아들을 통해서 죄 용서함을 받고 하나님의 자녀가 된다는 사실입니다.

　사도 바울은 로마 옥중에서 한창 부흥이 일어나고 있던 에베소교회에 이 비밀을 쓴 편지를 보내었습니다.

　에베소는 소아시아 항구 도시요 음란하고 우상숭배가 심한 곳이었습니다. 그러나 하나님은 그 타락한 도시에도 놀라운 계획을 가지시고 부흥이 일어나게 하셨습니다. 우리나라 사람들은 하나님께서 택하신 백성입니다. 우리도 이 서신을 읽고 큰 부흥이 일어나기를 간절히 바랍니다.

　늘 저의 부족한 설교집을 책으로 만드셔서 많은 목회자와 교인들과 함께 나누는 귀한 다리 역할을 하시는 한동인 사장님께 무한한 감사를 드립니다.

대구 수성교 옆에서
김서택 목사

Contents

차 · 례

	프롤로그		05
01	감옥에서 온 편지	엡 1:1-10	09
02	하나님의 계획	엡 1:7-14	19
03	기도 때 생각나는 사람들	엡 1:15-19	29
04	그리스도의 높으심	엡 1:20-23	40
05	우리 자신의 과거	엡 2:1-3	50
06	우리를 살리심	엡 2:4-10	57
07	천국 시민권	엡 2:11-13	66
08	교회의 신비	엡 2:14-22	75
09	살아있는 교회	엡 2:19-22	83
10	하나님의 비밀	엡 3:1-6	91
11	복음의 가치	엡 3:7-13	101
12	새로운 지위	엡 3:14-21	110
13	천국인의 표시	엡 4:1-8	120
14	장성한 분량	엡 4:9-16	128
15	새 사람을 입는 법	엡 4:17-24	137
16	버려야 할 습성들	엡 4:25-32	146
17	구원의 목적	엡 5:1-7	156

18	빛의 열매	엡 5:8-14	**166**
19	지혜의 사용	엡 5:15-20	**175**
20	부부 사랑의 회복	엡 5:21-33	**184**
21	아버지와 아들	엡 6:1-4	**194**
22	크리스천의 사회생활	엡 6:5-9	**203**
23	영적 전쟁에 이기라	엡 6:10-24	**212**

01

감옥에서 온 편지

에베소서 1:1-10

만약 가족 중 누군가가 죄를 지어서 감옥에 들어가서 집식구들에게 편지를 보내었다면, 그 편지는 결코 반가운 편지가 아닐 것입니다. 아마 감옥에서 온 편지라면 분명히 자신의 어려운 사정을 이야기하든지 아니면 무엇인가 필요한 것을 보내 달라는 내용일 것입니다. 어느 교도소에서 최고의 악질로 통하는 어떤 죄수가 있었습니다. 그 죄수는 교도관도 혀를 내두를 정도로 못됐기로 유명해서 그에게 누군가가 성경을 보내고 내복을 보낼 줄은 몰랐습니다. 그러나 어느 날 그 죄수 앞으로 성경책과 내복이 와서 교도관들은 놀랐다고 합니다. 그런데 그 성경과 내복은 저희 교회에서 보낸 것이었습니다. 아마도 죄수들끼리 이야기가 통한 것 같은데 대구에 있는 어느 교회에 편지를 보내면 내복도 보내 주고 어떤 때는 돈도 조금 보내 준다는 말이 돈 것 같습니다. 그래서 그 죄수는 장난삼아 편지를 보냈는지 아니면 진실한 마음으로 편지를 보냈는지 알 수 없지만 우리 교회로 편지를 보냈습니다. 그래서 저희 교회는 그가 필요하다고 한 내복과 성경을 보내게 된 것입니다.

제가 좋아하는 소설 중에 독일 소설 《사랑할 때와 죽을 때》가 있습니다. 그 소설에 보면 한 독일 병사가 휴가를 나갔다가 한 아가씨를 만났는데 서로 사랑하게 되었습니다. 이 독일 병사는 이 아가씨가 자기가 죽었을 때 연금이라도 받게 하려고 혼인신고를 합니다. 그리고 그는 전방에 갔는데 어떤 사람들이 간첩이라고 고발당해서 처형당하게 되었습니다. 이 독일 병사는 그 사람들이 불쌍해서 자기가 처형하겠다고 하고는 그 사람들을 풀어준 후 그는 자기 애인이 보낸 편지를 품에서 꺼내어 읽습니다. 그런데 그 풀려난 사람들은 옆에 있던 총으로 자기들을 살려준 독일 병사를 총으로 쏘아 죽입니다. 그 독일 병사는 자기 손에서 떨어져 시냇물 위로 떠내려가는 편지를 잡으려고 손을 뻗다가 결국 죽게 됩니다. 너무나도 안타까움의 눈물이 나는 장면이었습니다.

옛날 로마시대에 오직 예수 믿는다는 한 가지 이유로 감옥에 갇힌 자가 있었습니다. 그는 사도 바울이었습니다. 그 옛날의 감옥은 지금보다 훨씬 상황이 좋지 못했습니다. 낮에는 강제노동을 해야 했고 매도 맞아야 했습니다. 그리고 감옥 안은 해로운 벌레가 많았고 이불이나 담요 대신에 짚을 덮고 자야 했습니다. 먹는 것이라고는 돼지가 먹는 것과 별 차이가 없었고 아침이 되면 죄수들이 배설한 분뇨를 치워야 했습니다. 그 안에 간수들은 예사로 욕을 했고 머리를 막대기로 때렸으며 마음에 조금이라도 들지 않으면 죄수를 두들겨 팼습니다. 사도 바울은 예수님의 복음을 전한 대가로 그런 감옥에 갇혀서 한정 없이 있어야 했습니다.

그런데 놀라운 것은 밤만 되면 바울이 있는 감옥에서는 이상한 일이 일어났습니다. 그것은 바로 이 세상과는 다른 하늘의 빛이 비치면서 세상에서는 경험하지 못했던 기쁨과 하나님의 말씀이 임하는 것이었습니다. 매일 밤마다 천국으로 변했던 것입니다. 그래서 사도 바울은 밤만 되면 찬송을 불렀습니다. 그리고 사도 바울은 하나님의 계시를 통하여 하나님의 뜻을 알게 되었고 다른 교회의 사정도 알게 되었습니다. 그래서 사도 바울은 도저히 혼자만 알 수 없어서 여러 교회에 편지를 보내게 되었습니다. 그것이 바로 사도 바울의 옥중서신이었습니다.

1. 하나님의 놀라운 계획

에베소는 소아시아에 있는 항구도시였습니다. 고대 로마시대에는 손꼽을 정도로 인구가 많았고 특히 사도 바울이 일으킨 큰 부흥이 있었던 도시였습니다. 그 부흥에 대해서는 사도행전 19장에 자세히 기록되어 있습니다. 그 도시에는 아르테미스라는 아주 큰 여신의 신전이 있었고, 거기에서 만드는 여신상은 주위 여러 도시에 부적같이 팔려나가서 큰 돈벌이가 되었습니다. 그런데 에베소에 부흥이 일어나면서 그 여신상이 팔리지 않게 되었고, 심지어는 마술사들이 마술하는 책을 다 불태워버리는 일까지 일어나게 되었습니다. 그래서 여신상을 만드는 사람이 소요를 부채질해서 큰 난동이 일어나기도 했습니다. 그리고 사도 바울은 그곳에 있는 두란노 서원을 빌려서 사람들에게 성경을 가르쳤는데 이 사람들이 소아시아 구석구석을 다니면서 복음을 전해서 예수 믿는 사람들이 아주 많아지게 되었습니다.

사도 바울은 어느 날 밤 환상 가운데 에베소를 보게 되었고 에베소 사람들을 향한 하나님의 복이 어마어마한 것을 알게 되었습니다. 사도 바울은 그것을 그들에게 알려주고 싶었습니다. 그리고 그들에게 교훈할 것이 있었습니다. 에베소에는 다양한 인종이 섞이다 보니까 유대인과 이방인이 하나가 잘되지 않았던 것입니다. 또 에베소 사람 중에는 아직 육신의 혈기나 나쁜 버릇을 가지고 있는 사람도 있었습니다. 그래서 그들은 영적인 전쟁을 위해서 더 무장할 필요가 있었습니다. 사도 바울은 무엇보다 먼저 예수 믿는다는 것이 어마어마하게 영광스러운 복이라는 것을 알게 되었습니다.

1:1-2, "하나님의 뜻으로 말미암아 그리스도 예수의 사도 된 바울은 에베소에 있는 성도들과 그리스도 예수 안에 있는 신실한 자들에게 편지하노니 하나님 우리 아버지와 주 예수 그리스도로부터 은혜와 평강이 너희에게 있을지어다"

사도 바울이 사도가 되고 감옥에 들어오게 된 것은 하나님의 뜻에 따라 된 일이었습니다. 이것은 사도 바울만이 아니라 우리도 마찬가지입니다. 지금 우리가 이 형편에 처해있는 것도 전부 다 하나님의 뜻에 따라 된 일입니다. 그 이유는 우리를 하나님의 뜻대로 쓰시기 위함인 것입니다.

저는 어렸을 때 무엇인가 꿈꾼 것이 있었습니다. 그러나 제 인생은 조금씩 조금씩 그 일에서 모자랐습니다. 나중에는 이것도 아니고 저것도 아닌 전혀 쓸모없는 인생이 되고 말았습니다. 저는 제 인생에 불만이 많았습니다. 그런데 주님은 어느 날 저에게 그 일은 주님께서 하신 일이라고 알려주셨습니다. 그렇지 않았으면 아마 저는 전혀 주님의 일을 하지 않았을 것이기 때문입니다.

사도 바울은 감옥에서 에베소에 있는 성도들과 그리스도 예수 안에 있는 신실한 자들에게 이 편지를 썼습니다. "그리스도 예수 안에 있는 신실한 자들"은 굳이 에베소 사람들이 아니더라도 믿음으로 살아가는 자들을 말합니다. 그리고 "하나님 우리 아버지와 주 예수 그리스도로부터 은혜와 평강이 너희에게 있을지어다"라고 했습니다. 매일 다투고 걱정거리가 있고 미래를 알 수 없는 이 세상에서 어떻게 하나님께서 은혜와 평강을 주실까요? 우리에게 일어나는 일을 자세히 살펴보면 우리 생각과는 다른 훨씬 좋은 쪽으로 일이 진행될 때가 많습니다. 그것이 바로 하나님이 우리에게 은혜를 주시는 것이고, 하나님이 우리와 함께 계신 증거입니다. 그래서 우리는 너무 고민할 필요가 없습니다. 하나님은 우리에게 언제나 우리가 생각하거나 걱정하는 것보다 훨씬 좋은 것을 주시기 때문입니다.

결국 하나님이 우리에게 주시려고 하는 것은 무엇일까요? 우리는 일단 이 세상에서 힘들고 불편한 것이 없어지기를 바랍니다. 우리는 이 세상에서 불편한 것은 참기 어렵습니다. 그리고 우리는 이 세상의 비싸고 좋은 것들이 우리에게 많이 주어지기를 바랍니다. 물론 그런 일도 있지만 하나님께서 궁극적으로 우리에게 주시려고 하는 것은 그런 것이 아닙니다.

1:3, "찬송하리로다 하나님 곧 우리 주 예수 그리스도의 아버지께서 그리스도 안에서 하늘에 속한 모든 신령한 복을 우리에게 주시되"

우리 같은 피조물이 하나님을 안다는 것은 어마어마한 축복입니다. 우리 같이 작고 연약한 피조물이 온 우주를 만드신 하나님을 어떻게 알 수 있겠습니까? 하나님은 지구보다 더 크고 태양보다 더 크고 우주보다 더 크신 분이십니다. 그런 하나님을 안다는 것은 정말 아무리 가난하게 살아도 부족한 것이 없는 복입니다. 그런데 그 하나님의 비밀 중의 비밀이 아들입니다. 우리는 이 아들의 친구가 되었고 제자가 되었습니다. 이것은 이미 우리가 영생을 얻은 것입니다. 그런데 하나님은 이 세상의 복이 아니라 하늘에 속한 어마어마한 복을 우리에게 주시려고 결정하신 것입니다. 우리는 그것이 다 무엇인지 알지도 못하지만 기다리고 있기만 하면 그 복을 받게 되는 것입니다.

그래서 하나님의 계획과 우리의 계획은 다릅니다. 우리는 겨우 이 세상에서 보이는 것만 생각하지만 진짜 우리의 복은 하늘에 있습니다. 그러면 우리는 어떻게 하늘에 올라가서 그 복들을 가져올 수 있겠습니까? 그것은 이미 하늘에 올라가 계신 우리 예수님이 다 가지고 계신 것입니다. 그러면 하나님이 우리에게 주시려고 하는 신령한 복은 무엇일까요? 그것은 쉽게 말해서 우리를 천사같이 만들어주시는 복입니다. 우리의 성품과 우리의 눈빛과 우리의 마음을 천사처럼 되게 하시는 것입니다. 사람들은 우리를 만나면 천사를 만났다고 생각할 것입니다.

2. 하나님의 아들 자격

사람이 혼자 있다면 참 외로울 것입니다. 그래서 고아라든지, 혹은 친구가 없이 혼자 시간을 보내는 청년이라든지, 가족 없이 혼자 사시는 노인은 너무나도 외롭습니다. 온종일 이야기를 나눌 대상조차 없는 사람이라면 세상을 살고 싶은 마음이 없을 것입니다. 시골에 가면 노인들이 꼬부라진 허리로 작대기를 짚으면서 친구 집을 찾아가는 모습을 종종 봅니다. 그래서 "할머니, 왜 힘들게 다른 사람 집을 찾아가세요?"라고 물으면 "사람이 기리버서(그리워서) 전딜(견딜) 수가 없어야제."라고 대답합니다. 그러면서 친구 집에 가서 실컷 이야기하고 나면 기분이 좋아져서 한밤중에 집으로 돌아가시는 것입니다. 그런데 만약 우리도 이 세상에서 친한 사람 하나 없이 혼자서만 내내 지내야 한다면 너무나도 우울할 것입니다.

그러나 우리는 결코 혼자가 아닙니다. 왜냐하면 천지를 지으신 하나님이 우리와 함께 계시기 때문입니다.

1:4, "곧 창세 전에 그리스도 안에서 우리를 택하사 우리로 사랑 안에서 그 앞에 거룩하고 흠이 없게 하시려고"

하나님은 세상이 만들어지기 전부터 예수님 안에서 우리를 택하셨습니다. 그래서 우리는 결코 혼자가 아닙니다. 오히려 우리가 가장 행복한 시간은 혼자 있을 때입니다. 왜냐하면 하나님이 함께 계시고 예수님이 함께 계시므로 그때 하나님을 생각하고 자신을 찾을 수 있는 시간이 되기 때문입니다.

하나님이 우리를 외롭게 하시고 아무것도 아닌 사람이 되게 하시는 것은 우리를 겸손하고 깨끗하게 하시기 위해서입니다. 그래서 모세 같은 사람은 무려 사십 년 동안 혼자 미디안 광야를 돌아다녀야 했습니다. 모세에게는 말을 나눌 사람이 없었던 것입니다. 아마 모세도 사십 년 동안이나 말할 사람 없이 광야를 돌아다녔으니까 애굽 말이나 히브리어를 다 잊어버렸을 것입니다.

그런데 하나님은 우리를 하나님의 아들로 입양을 시켜주셨습니다. 그러므로 지금 우리의 자격은 하나님의 아들이라는 것입니다. 그런데 문제는 우리가 하나님의 아들인 것을 이 세상에서 누가 알아주느냐 하는 것입니다. 우리는 이 세상을 여행하고 있는 하나님의 아들입니다. 물론 우리가 하나님의 아들인 것은 아무도 몰라줄 것입니다. 그러나 우리에게는 하나님의 아들이라는 당당함이 있습니다. 우리는 이 세상에서 고생하고 있는 하나님의 아들입니다.

우리가 하나님의 아들이라면 시시하게 돈이나 명예 같은 것을 차지하려고 하지 않을 것입니다. 또 우리가 하나님의 아들이라면 당당함과 그 지혜와 용기를 따를 사람이 없을 것입니다. 가난해도 비굴하지 않고 옷이 떨어져도 부끄러워하지 아니하고 나쁜 사람들을 만나도 두려워하지 않을 것입니다. 우리가 하나님의 아들이라면 부족할 것이 아무것도 없을 것입니다. 오히려 부족하면 부족할수록 더 대단할 것입니다. 하나님은 우리의 찬송을 기뻐하십니다.

1:6, " 이는 그가 사랑하시는 자 안에서 우리에게 거저 주시는 바 그의 은혜의 영광을 찬송하게 하려는 것이라"

하나님은 우리에게 찬송 받으시는 것을 가장 좋아하십니다. 그런데 하나님의 은혜를 받은 사람은 하나님을 찬송하게 됩니다. 왜냐하면 그 은혜가 보통 은혜가 아니라 영광스러운 은혜이기 때문입니다. "은혜의 영광을 찬송하게 하려는 것이라" 그래서 우리는 언제나 하나님을 찬송할 준비를 해야 합니다.

사도 바울과 실라는 빌립보 감옥에서 실컷 채찍에 맞고 생각해보니까 영혼을 구하는 책임을 맡은 자들이 너무 대단한 생각이 들었습니다. 이 세상에서 누가 감히 영혼을 구원하겠습니까? 그래서 그들은 깊은 토굴 감옥에서 하나님을 찬송했습니다. 그때 감옥 터가 진동하면서 감옥 문이 열리고 그들을 매고 있던 쇠사슬이 다 풀려버렸습니다. 우리는 엄청나게 신분이 높은 사람들입니다. 우리의 찬송을 하나님께서 들으시는 것입니다.

3. 복음의 비밀

우리는 이 세상에서 왕이나 대통령이 되면 너무나도 좋을 것이며 나라의 많은 비밀을 알게 될 것입니다. 왕이나 대통령은 전쟁을 일으킬 권한이 있고 중요한 경제정책을 시행할 권한이 있습니다. 대통령은 국민에게 돈을 나누어주기도 할 권한도 있습니다. 그런데 문제는 사람들이 그것으로 만족하지 못한다는 것입니다. 더욱이 그 돈을 받고 행복해하는 사람은 아무도 없습니다. 그 이유가 무엇일까요? 모든 사람의 마음속에는 미래에 대한 근심이 있고 그 정도의 돈으로는 행복해질 수 없기 때문입니다.

그런데 하나님은 인간에게 꼭 필요한 것을 주셨습니다. 그것은 하나님의 아들의 피로 우리의 죄를 다 씻어주신 것입니다. 이것이 바로 하나님의 비밀입니다.

1:7, "우리는 그리스도 안에서 그의 은혜의 풍성함을 따라 그의 피로 말미암아 속량 곧 죄 사함을 받았느니라"

이 우주의 비밀 중의 비밀이 하나님 아들의 피 한 방울입니다. 하나님의 아들이 그 피를 가지고 죽음을 이기고 죄를 이기고 마귀를 이긴 사실입니다. 우리 모든 인간은 마귀의 노예가 되어 있었습니다. 그런데 하나님의 아들은 쇠몽둥이를 가지고 우리를 묶었던 쇠사슬을 부수어 버리고 마귀의 머리를 부수고 우리의 죄를 싹 다 씻어버렸습니다. 이것이 인류 최고의 사건이고 최고의 비밀입니다. 그리고 하나님은 예수 믿는 자들에게 하나님을 알 수 있는 지혜와 총명을 주셨습니다.

1:8-9, "이는 그가 모든 지혜와 총명을 우리에게 넘치게 하사 그 뜻의 비밀을 우리에게 알리신 것이요 그의 기뻐하심을 따라 그리스도 안에서 때가 찬 경륜을 위하여 예정하신 것이니"

하나님은 지혜와 총명을 넘치게 부어주셨습니다. 우리가 하나님을 아는 것이 지혜이고 하나님의 말씀을 아는 것이 총명이기 때문입니다. 그래서 드디어 우리에게 하나님의 비밀을 알게 하셨습니다. 예수님이 이 세상에 오셔서 피를 흘리심으로 우리는 하나님의 아들이 되고 천국 문은 열리고 하나님을 알게 된 것입니다. 이것은 하나님의 비밀 중의 비밀입니다.

1:10, "하늘에 있는 것이나 땅에 있는 것이 다 그리스도 안에서 통일되게 하려 하심이라"

땅에 있는 인간은 하나님을 모릅니다. 천사도 모릅니다. 하늘의 보물도 모르고 영생도 모릅니다. 또 천사들도 인간의 일에 다 간섭할 수 없고 인간과 친구가 될 수도 없습니다. 그러나 예수님 안에서 우리 믿는 자와 천사는 한 형제가 됩니다. 물론 믿지 않는 자는 마귀와 하나가 될 것입니다. 영원히 지옥에서 구더기와 함께 불에 탈 것입니다. 그러나 우리는 천사와 한 형제가 되어 함께 하나님을 찬송하며 함께 친구가 될 것입니다. 이것이 우리를 향한 하나님의 계획입니다. 물론 우리는 이 세상에서 잘되기를 원할 것입니다. 하나님은 그 계획도 이루어 주십니다. 그러나 그것은 하나님의 계획의 천분의 일, 만분의 일도 되지 못합니다.

하나님에게는 우리가 알지 못하는 놀라운 계획이 있습니다. 천사와 친구가 되고 하나님의 아들이 되고 하늘의 보물을 가지는 성도들이 다 되시기를 바랍니다.

02

하나님의 계획

에베소서 1:7-14

청소년들이나 어린아이들은 앞으로 자기 자신이 어떤 모습으로 변해갈지 궁금할 때가 많습니다. 그런데 정말 어떤 사람은 어렸을 때 모습 그대로인 사람도 있지만 너무 달라져서 도저히 알아볼 수 없는 사람도 있습니다.

미국에서 대학 입학시험에 합격한 학생들은 티셔츠 파티라는 것을 합니다. 그 파티에서 학생들은 자기가 합격한 대학 티셔츠를 입고 모입니다. 그곳에서 보면 하버드도 있고 예일과 버클리, UCLA도 있고 카네기-멜론도 있고 옥스퍼드나 케임브리지 같은 유명한 학교 이름이 새겨진 티셔츠를 학생들이 입고 와서 자랑하면서 파티를 하는 것입니다. 또 대학을 졸업하는 친구들은 앞날의 길을 놓고 생각을 많이 할 것입니다. 또 나이가 노년으로 접어 들어가는 분들은 직장을 그만두고 난 후에 어떻게 시간을 보낼 것인지 생각을 많이 할 것입니다.

그러나 감옥에 갇혀 있거나 노예 신분으로 있다면 그 사람은 미래의 꿈을 가질 수 없을 것입니다. 감옥에 갇혀 있는 사람은 하루하루

살아있는 것 자체가 고통일 것입니다. 그는 발이나 손에 차꼬나 수갑을 차야 하고 쇠창살이 쳐진 방에서 냄새나는 침대에서 자야 할 것입니다. 우리 인간이 이 세상에 사는 것이 재미 없는 이유는 모든 인간은 죄의 노예가 되어 나중에는 늙어서 죽기 때문입니다.

그런데 우주를 창조하신 하나님은 이 우주를 창조하시기 전에 어떤 비밀계획을 가지고 계셨습니다. 그것은 어떤 인간을 죄에서 해방해서 하나님의 찬양대가 되게 하려는 계획입니다. 그런데 이 찬양대는 백 명, 이백 명이 아니라 수십만 명, 아니 수백만 명으로 구성되는 어마어마한 규모인데, 이 찬양대에 뽑히는 것이 최고의 영광이 될 것입니다.

1. 죄에서의 해방

일본의 식민지하에서 우리나라 사람들은 자유를 얻을 수 있으리라고 전혀 생각하지 못했습니다. 그래서 어떤 시인은 〈빼앗긴 들에도 봄은 오는가?〉라는 시를 썼습니다. 일본 사람이 통치하는 들판에는 봄도 오지 않는다는 것입니다. 물론 그 당시 우리나라 사람들은 어느 정도 자유로운 것 같았습니다. 학교도 다니고 농사도 지었습니다. 그러나 독립운동을 한다고 하면 철저하게 조사해 잡아가서 거의 죽도록 고문하고 죽이기까지 했습니다. 유관순 양은 여고생 아닙니까? 그런데 3.1 운동을 했다고 고문해서 죽였습니다. 나중에 전쟁 말기에 처녀들은 잡아서 정신대로 보내고 남자들은 강제 노동하는 곳으로 보내었고 학생들은 학도병으로 끌려갔습니다. 그러다가 원자탄이 두 번 터지고 갑자기 해방을 맞이했습니다. 우리 민족은 전혀 기대하지도 못했던 해방이었습니다. 감옥에 갇혔던 자들은 풀려나고 중국이나 만주나 일본에 피해 있던 자들은 모두 고국으로 돌아오게 되었습니다. 그리고 우리는 지금 마음껏 공부하고 마음껏 예배드리고 마음껏 자기 하고 싶은 일을 하고 있습니다.

그러나 죄의 사슬은 특별한 재질로 되어 있어서 이 세상 어떤 열쇠나 도끼나 도구로 열거나 깨트릴 수 없었습니다. 그런데 우주를 창조하신 하나님의 아들이 십자가에 못 박혀 피를 흘리시고 그 피 묻은 망치로 때리니까 전부 다 풀어지게 되었습니다. 오늘 우리의 모든 인식의 출발점은 예수님이 내 쇠사슬을 끊으셨다는 것에서부터 시작해야 합니다. 우리가 이것을 생각하지 않으면 아무것도 할 수 없습니다.

1:7, "우리는 그리스도 안에서 그의 은혜의 풍성함을 따라 그의 피로 말미암아 속량 곧 죄 사함을 받았느니라"

아주 오래전부터 하나님의 비밀문서가 있었습니다. 그것은 하나님이 원하시는 어떤 사람들을 죄의 감옥에서 건져내신다는 내용이었습니다. 하나님의 아들이 십자가에 못 박혀 죽으시고 그 비밀문서가 피에 젖음으로 효력을 발생하게 되었습니다. 하나님께서는 우리가 갇혀 있는 감옥으로 천사를 보내셨습니다. 천사는 우리가 영원히 갇혀 있어야 하고 죽어야 하는 감옥의 담장을 두 손으로 밀어서 허물어버렸습니다. 그리고 예수님의 피가 묻은 망치로 우리 손을 잡아매고 있는 쇠사슬을 깨트리고 부숴버렸습니다. 이 장면은 마치 요셉의 처지와 같다고 할 수 있습니다. 요셉은 감옥에 갇힌 죄수가 되어서 머리나 수염도 깎지 못하고 누더기를 걸치고 있었는데, 애굽의 바로가 감옥에서 나오라고 하니까 쇠사슬을 풀고 머리도 깎고 수염도 깎고 세수도 하고 목욕도 하고 새 옷을 입고 바로 앞으로 나가게 된 것입니다.

"그의 피로 말미암아 속량 곧 죄 사함을 받았느니라"

예수님은 우리 죗값을 전부 다 내셨습니다. 그리고 우리가 지은 모든 죄에 대하여 죄 용서함을 받았습니다. 그런데 '하나님의 은혜가 얼마나 풍성한지' 우리가 아무리 많은 죄를 지었어도 전부 다 용서가 됩니다. 우리는 모든 죄 사함을 받아 모든 죄 값이 지불되었으며 죄의 감옥에서 나오게 되었습니다. 그런데 우리에게 더 문제가 된 것은 우리가 죄 용서받고 해방된 것은 전혀 우리가 기대하지 않았다는 것입니다. 그리고 우리는 죄 용서받고 난 후에 무엇을 해야 할지 전혀 생각해 본 적도 없다는 것입니다. 우리가 하나님의 계획을 미리 좀 알면 좋겠는데 우리는 하나님의 계획을 알 수 없습니다. 결국 우리는 구원받고 난 후에도 세상에서 하던 대로 똑같이 하면서 살 수밖에 없었습니다. 그렇게 우리는 세상 사람들과 똑같이 살아가고 있는 것입니다.

그러나 우리는 세상 사람들과 완전히 똑같은 것은 아닙니다. 그것은 우리에게 자유가 주어진 증거가 나타나고 있기 때문입니다. 가장 중요한 것은 우리가 하나님의 말씀을 들을 수 있다는 것입니다. 죄에서 해방되지 못한 사람은 아무리 좋고 훌륭한 사람이라 하더라도 하나님의 말씀은 미친 소리로밖에 들리지 않습니다. 그리고 우리는 하나님을 찬송하는 법을 배우게 됩니다. 하나님께 영광 돌리고 하나님 노래하는 법을 배우게 되는 것입니다. 그리고 우리는 기도하고 예배드릴 줄 알게 됩니다. 이것이 우리가 세상 사람들과는 다른 점입니다. 세상 사람들은 예배드리지 않는 것을 자유라고 생각하는데 그것이 감옥에 갇힌 증거입니다.

그리고 하나님은 우리에게 지혜와 총명을 더해 주십니다. 여기서 "지혜"라는 것은 하나님의 말씀을 가지고 점점 더 깊고 풍성한 뜻을 찾아낼 수 있는 기술을 말합니다. 우리는 하나님의 말씀을 듣고 묵상할수록 더 고차원적인 말씀을 들을 수 있고 더 분명한 하나님의 뜻을 찾을 수 있습니다. 또 "총명"이라는 것은 하나님의 뜻을 깨달아 현실에 적응할 수 있는 능력을 말합니다. 우리는 성경 말씀만 가지고는 도

저희 이 세상을 살아갈 수 없습니다. 그러나 하나님은 우리에게 영감을 주셔서 구체적으로 우리가 해야 할 행동들을 가르쳐주십니다. 결국 우리가 구원받은 것은 하나님의 뜻을 이루어드리기 위한 것이지 나의 행복을 위한 것은 아닙니다. 처음에는 하나님의 뜻에 대하여 아무것도 몰랐는데 시간이 지날수록 점점 더 구체적으로 하나님의 뜻을 깨닫게 되는 것입니다.

사도 바울은 처음 죄의 종으로 있을 때는 예수 믿는 사람들을 잡아서 박해하는 것을 자신의 사명이라고 생각했습니다. 그러나 그가 다메섹으로 가다가 예수님을 만난 후 그 죄의 사슬이 끊어졌습니다. 그는 당장 나가서 예수가 하나님의 아들이라고 전했지만 사람들은 그의 말을 아무도 받아들이지 않았습니다. 바울은 예수 믿는 사람들을 만나고 싶어 했지만 아무도 그를 만나려고 하지 않았습니다. 사도 바울은 아라비아로 갔다가 결국 자기 집 다소로 가서 13년 가까이 예수님의 계시를 받으면서 성경을 공부하게 됩니다. 그래도 사도 바울은 아무도 써 주는 사람이 없었습니다.

그런데 바나바가 와서 안디옥에 가서 교인들에게 설교하자고 제의합니다. 또 사도 바울은 안디옥에 있는 것이 하나님의 뜻인 줄 알았습니다. 그러나 성령님은 바울을 갈라디아 지역으로 보내셨습니다. 또한 사도 바울은 이차전도 때 북갈라디아로 가려고 했지만 성령이 길을 막으셔서 그리스로 넘어가게 됩니다. 그래서 바울은 복음을 가지고 유럽으로 건너가게 됩니다. 사도 바울의 복음은 더 명확해지고 하나님의 뜻도 분명해졌습니다. 또 사도 바울은 예루살렘으로 갔다가 로마로 가려고 했습니다. 그런데 그는 예루살렘에서 체포되어 비시디아 안디옥 감옥에 2년 동안 갇혀 있다가 죄수의 신분으로 로마로 가게 됩니다. 그는 로마 교회의 도움으로 스페인으로 가기를 원했지만 스페인으로 갔는지 못 갔는지는 알 수 없습니다. 그러므로 우리는 처음부터 지혜와 총명이 생기는 것이 아니라 하나님의 말씀에 순종하다

보면 지혜가 생기고 하나님의 뜻을 명확하게 알게 되는 것입니다.

2. 그리스도 안에서 통일

하나님이 만드신 세계는 인간의 죄 때문에 산산조각이 나게 되었습니다. 그래서 인간 세계는 우주와 분리되고, 인간은 영화에서나 비행선을 타고 우주를 가게 됩니다. 인간의 세계와 바다는 분리되고, 하늘과 땅은 서로 통하지 않습니다. 하늘에서는 여전히 햇빛이 비치고 비가 오지만 인간은 하나님의 위대하심을 알지 못합니다. 우리 인간은 하늘에 떠 있는 그 수많은 별을 보면서도 하나님의 위대하심을 찬양할 줄 모릅니다.

그러나 우리는 성경 말씀을 통해서 조금씩 조금씩 하나님의 위대하심을 알게 됩니다. 하나님은 악인이나 선인이나 차별 없이 햇빛을 주시고 비를 주신다고 말씀하셨습니다. 하나님은 공중에 나는 새들을 다 먹이신다고 하셨습니다. 하나님은 들에 핀 꽃들도 모두 아름다운 옷으로 입히시는 것입니다. 하나님은 참새 한 마리의 생명도 지켜주시고 까마귀 새끼가 먹을 것이 없어서 울면 먹을 것을 주신다고 말씀하셨습니다. 하나님은 바람을 일으키는 방을 가지고 계시며 눈을 내리게 하는 창고를 가지고 계신다고 했습니다. 하늘에서 일어나는 번개와 천둥은 하나님의 진노의 음성입니다. 하나님은 바닷물이 육지로 넘어오지 못하게 선을 그으셨고 또 물결이 쓰나미같이 높이 오르지 못하도록 밟고 계신다고 했습니다. 그리고 하나님은 우주의 수많은 별을 만드셔서 하나님의 영광을 찬송하게 하십니다.

1:9-10, "그 뜻의 비밀을 우리에게 알리신 것이요 그의 기뻐하심을 따라 그리스도 안에서 때가 찬 경륜을 위하여 예정하신 것이니 하늘에 있는

것이나 땅에 있는 것이 다 그리스도 안에서 통일되게 하려 하심이라"

예를 들어 어떤 문이 있는데 위에 있는 문과 아래 있는 문이 서로 벌어져서 닫히지 않으면 그 문은 소용없을 것입니다. 지금 우리는 구름을 보면서도 아무 생각이 없습니다. 별들을 보면서도 별의 세계를 알지 못합니다. 그런데 하나님은 가장 중요한 비밀을 우리에게 알려 주셨습니다. 그것은 하나님께서 우주와 하늘과 땅과 우리 인간을 만드셨다는 것입니다. 그런데 서로 나누어진 이 세계가 예수님 안에서 하나가 됩니다. 하늘과 땅이 딱 맞아떨어지고 별과 우주가 맞아떨어지는 것입니다. 그런데 이것이 이미 이루어지고 있습니다. 즉 우리가 하나님의 말씀을 들음으로 하늘과 땅이 점점 일치되고 있다는 것입니다.

사람들은 하늘이 노래하는 것은 많이 보았을 것입니다. 그것은 바로 극지방에서만 일어나는 '오로라' 입니다. 하늘 전체에 때로는 녹색으로 때로는 노란색으로 찬란한 우주 쇼가 펼쳐지게 되는 것입니다. 어떤 때는 수많은 유성이 떨어지면서 우주 쇼를 펼칠 때도 있습니다.

여기 "그리스도 안에서 때가 찬 경륜"이라고 했습니다. 때가 되면 예수님을 중심으로 해서 온 우주와 인간이 쇼를 하게 될 것입니다. 그 때 우리 각자는 자신의 실력을 나타내게 될 것입니다.

3. 하나님이 하신 일

1:11-12, "모든 일을 그의 뜻의 결정대로 일하시는 이의 계획을 따라 우리가 예정을 입어 그 안에서 기업이 되었으니 이는 우리가 그리스도 안에서 전부터 바라던 그의 영광의 찬송이 되게 하려 하심이라"

하나님은 모든 일을 하나님의 뜻대로 하시는 분입니다. 우리 인간은 모든 것이 자기 생각대로 되어야 직성이 풀립니다. 어린아이도 자기들이 어디에 가고 싶으면 거기에 가자고 떼를 쓰고 거기에 꼭 가야만 직성이 풀립니다. 그러나 모든 것을 결정하는 것은 주인이 할 일입니다. 예를 들어서 집에 어린이 책들이 많은데 어린이가 이미 다 커서 중학생이 되었으면 옛날 책들은 버려야 새 책을 사놓을 수 있을 것입니다. 이것은 옷도 마찬가지입니다. 시간이 지나 옷이 오래되고 유행에 너무 뒤떨어지면 주인은 그 옷을 버릴 것입니다. 마찬가지로 하나님은 인간이 아무리 아까워도 어떤 인간은 버리시고 어떤 인간은 구원하십니다. 이것은 다른 어느 누구도 결정하지 못하고 하나님만 결정하시는 것입니다. 이것을 위해서 하나님은 우리를 예정해놓으셨습니다. 하나님께서 구원하시기로 예정하신 사람이 우리입니다. 우리는 바로 그 예정자 명단에 들어있는 것입니다. 하나님은 구원받을 자를 예정을 해놓으셨기 때문에 누구를 구원하느냐 하는 것은 순전히 하나님의 마음입니다. 하나님이 예정하신 이 사람들이 바로 하나님의 기업이고 재산입니다. 우리는 하나님의 가장 중요한 재산입니다. 그래서 우리의 가치는 이 세상 사람들의 가치와 비교가 되지 않습니다.

그래서 하나님은 택하신 자들을 연단하십니다. 그래서 수많은 어려움을 통하여 겸손하게 하시고 믿음을 가지게 하십니다. 그래서 일단 겸손하지 않으면 그는 하나님의 재산이 아닙니다. 그리고 믿음이 없는 사람은 가치가 없습니다. 우리는 우리의 미래에 대하여 하나님을 믿습니다. 자녀들의 미래에 대해서도 하나님을 믿습니다. 우리는 이 세상의 미래에 대해서도 하나님을 믿습니다. 하나님은 우리로 하여금 영광의 찬송이 되게 하실 것입니다. 그래서 우리는 합창단원이 되고 오케스트라 단원이 되어서 하나님을 찬송할 것입니다.

우리가 하나님의 재산이 되는 방법은 오직 하나밖에 없습니다. 그것은 바로 복음의 말씀을 듣는 것입니다. 하나님의 말씀을 듣지 않고 하나님의 자녀가 되는 방법은 없습니다. 그래서 우리는 이 세상에서 구원받을 수 있는 유일한 약을 가지고 있는 사람들입니다.

> 1:13, "그 안에서 너희도 진리의 말씀 곧 너희의 구원의 복음을 듣고 그 안에서 또한 믿어 약속의 성령으로 인치심을 받았으니"

우리가 들은 복음은 하나님의 유일한 부르심이고 천국에 들어갈 수 있는 열쇠입니다. 우리가 복음을 듣고 믿을 때 많은 말이나 토론이 필요치 않습니다. 믿는 것은 아무 말을 하지 않고 받아들이는 것입니다. 그리고 우리는 그냥 복음을 들은 것이 아니라 성령의 인치심을 받았습니다. 이것은 우리가 복음을 들을 때 하나님의 말씀이라는 인을 불로써 우리 가슴에 새기는 것입니다. 그때 우리는 자신이 죄인임을 고백하고 하나님을 내 아버지로 믿습니다. 이제는 더 이상 하나님이 무서운 분이 아니고 하나님이 내 아버지가 되십니다. 여기서 성령의 인침이라는 것은 방언이라든지 환상을 보는 것 같은 체험을 말하지 않습니다. 이것은 마치 환상을 보는 이상으로 분명히 예수님의 십자가를 믿는 것을 말합니다. 예수님께서 "형제여, 너는 죄로 말미암아 고민하고 있다. 내가 네 죄로 말미암아 십자가에 못 박혔노라."고 말씀하시는 것을 듣습니다.

> 1:14, "이는 우리 기업의 보증이 되사 그 얻으신 것을 속량하시고 그의 영광을 찬송하게 하려 하심이라"

우리가 성령을 받는다는 것은 하나님이 우리 영혼에 도장을 찍으시는 것입니다. 이때부터 우리 가슴은 따뜻해지기 시작합니다. 성령님은 우리 구원의 보증입니다. 보증은 집이나 물건을 살 때 미리 돈을 주는 것입니다. 우리는 구원을 다 받은 것은 아니지만 하나님은 이미 보증금을 주셨습니다. 그분이 바로 성령이십니다. 성령은 우리 모든 죄값을 다 갚습니다. 지금 죄를 지어도 성령님은 죄 값을 다 갚으십니다. 그리고 우리로 하여금 지혜롭고 아름답게 살게 하시는데, 하나님의 영광을 위하여 살게 하십니다. 그리고 우리는 언젠가 예수님과 함께 음악을 연주하게 됩니다. 거기에 멤버가 된 사람이 복 받은 사람입니다. 그들은 최고의 기술과 지혜로 하나님을 연주할 것입니다. 이때 하늘도 노래하고 바다도 노래하고 땅도 노래할 것입니다. 우리를 향한 하나님의 목적은 지혜와 총명이 충만해서 하나님을 멋지게 연주하는 것입니다.

03

기도 때 생각나는 사람들

에베소서 1:15-19

우리는 평생에 걸쳐서 늘 생각나는 사람들이 있습니다. 그런 사람들은 나와 어렸을 때 친했던 친구라든지 아니면 보잘것없던 나를 사랑해주어서 오늘의 내가 있게 해 준 고마운 사람일 것입니다. 어떤 사람은 어려울 때 자기 학비를 대어주었던 삼촌이 늘 생각나는가 하면, 어떤 사람은 자기가 죽을병에 걸렸을 때 수술해주었던 의사가 생각날 것입니다. 어떤 사람에게는 자기를 사랑해주고 꿈을 심어주셨던 어렸을 때 선생님이 생각날 것입니다.

사도 바울은 기도할 때마다 에베소 교인들이 생각난다고 했습니다. 그것은 사도 바울이 에베소 교인들에게 경제적인 도움을 받았거나 그들이 사도 바울을 죽을병에서 살려주었기 때문이 아닙니다. 사도 바울이 기도할 때마다 에베소 교인들이 생각났던 것은 그들이 예수 그리스도에 대한 믿음을 끝까지 붙들고 있었기 때문입니다.

어린이들은 초등학교에 입학하기 전에 덧셈이나 뺄셈 정도는 알아야 가게에 가서 물건을 사는 심부름은 할 수 있을 것입니다. 또 아무리 초등학생이라 하더라도 시계는 볼 줄 알아야 하고 길을 건널 때 빨간불이나 파란불은 알아야 할 것입니다. 어린이들이 시계를 볼 줄 모르거나 파란불이나 빨간불을 구별하지 못하고 길을 건너다가는 위험하게 됩니다. 그리고 우리가 외국에 가려면 그 나라의 화폐단위라든지 무게나 길이의 단위는 알아야 편할 것입니다. 처음 외국에 가면 그 나라 돈을 모르기 때문에 돈을 꺼내어서 손에 올려놓으면 점원이 그 물건 값만큼 돈을 가져갑니다. 아마 여행하는 이들에게 그때만큼 부끄러운 때는 없을 것입니다.

사도 바울은 지금 로마에 있는 감옥에 갇혀 있습니다. 로마 감옥은 그 당시에 가장 열악한 곳이었습니다. 아마 사도 바울은 잠을 잘 때 짚을 덮고 잠을 잤을 것입니다. 그리고 그가 아침에 일어나면 가장 먼저 해야 하는 일이 죄수들의 배설물을 치우는 일이었을 것입니다. 그리고 가장 딱딱하고 맛없는 빵을 먹어야 했을 것입니다. 지금 사도 바울이 편지를 보내고 있는 에베소는 아시아에 있는 이방 도시이고 가장 음란하고 타락한 도시였습니다. 그럼에도 불구하고 그들은 한 나라에 속해 있었고 그 나라는 이 세상 나라와 다른 나라였습니다. 사도 바울은 에베소에 있는 교인들에게 그들이 예수 믿고 신앙 생활하는 것만이 전부가 아니라는 사실을 가르쳐주기를 원했습니다. 즉 그리스도인들에게는 어마어마한 하나님의 계획과 축복이 있다는 것입니다.

1. 너무나 중요한 사람

우리가 이 세상에 살다 보면 너무나도 소중해서 끝까지 아껴주어야 하는 사람이 있는가 하면, 겉으로는 번지르르하지만 사실은 너무 가치가 없어서 생각하고 싶지도 않고 상대하고 싶지도 않은 사람이 있을 것입니다. 예를 들어서 어떤 사람은 말하는 것이 아주 진실하고 자기가 하는 일에는 반드시 책임을 지고 또 모든 사람에게 예의 있게 대한다면 그 사람은 정말 가치 있는 사람이고 그런 사람을 위해서 기도도 하게 되고 또 만나면 너무나도 기쁠 것입니다. 그런가 하면 어떤 사람은 하는 말이 전부 거짓말이고 다른 사람에게 억지만 부린다면 우리는 그런 사람은 아무 가치가 없으므로 상대하려고 하지 않을 것입니다.

에베소 교회 사람들은 원래는 가치가 없는 사람들이었습니다. 그들은 항구 도시에 사는 사람들이기에 술도 엄청나게 마셨고 또 아르테미스라는 여신을 섬겼을 뿐 아니라 음란한 생활을 예사로 하는 부류의 사람들이었습니다. 그러나 그런 사람들이 사도 바울의 전도를 받고 가치 있는 사람으로 변했습니다. 에베소의 마술사들이 예수 믿고 은 오만이나 되는 마술책을 다 불살라 버린 것을 보면 그들이 얼마나 변화했는지 알 수 있습니다. 그런데 사도 바울이 에베소를 떠나게 되었습니다. 예루살렘에 전해줄 헌금이 있었기 때문입니다. 심지어 사도 바울은 두 번째 갈 때는 에베소에 가지도 않고 바닷가로 에베소 장로들을 나오라고 해서 그들과 함께 바닷가에서 무릎을 꿇고 기도하고 헤어졌습니다. 에베소 교인들은 그들이 다시는 살아서 사도 바울을 만나지 못할 것이라는 말을 듣고 다 울면서 포옹을 했습니다(행 20:38).

그런데 사람들이 만났을 때는 반갑지만 헤어지면 거리가 멀어지면서 바른 신앙에서 떠나는 사람들이 많이 있습니다. 대표적인 예가 고린도 교회 교인들이었습니다. 그들은 사도 바울이 떠난 후에 다른 엉터리 교훈을 가르치는 자들을 받아들여서 바른 신앙을 떠나기도 하고, 사도 바울을 불신하기도 하고, 그의 가치를 깎아내리기도 했습니다. 그러나 에베소 교인들은 그렇지 않았습니다. 그들은 사도 바울이 떠난 후에도 믿음을 굳게 지키고 있었고, 다른 성도들을 사랑으로 대했습니다. 사도 바울은 이 소식을 듣고 에베소 교인들의 신앙이 얼마나 가치가 있는지 깨달았고 진심으로 기뻐했습니다.

1:15, "이로 말미암아 주 예수 안에서 너희 믿음과 모든 성도를 향한 사랑을 나도 듣고"

우리는 우리나라 미국의 신앙 지도자들의 탈선에 대한 이야기를 간혹 듣게 됩니다. 처음에 그들의 세상적으로 유명한 것이나 멋진 외모를 보고 책을 사서 읽기도 하고, 또 교회에서는 많은 돈을 들여서 그들을 초청해서 설교를 듣기도 합니다. 그런데 그 중의 어떤 사람은 오랫동안 여성도와 몰래 성적인 관계를 가졌다가 들켜서 자리에서 물러나는 사람들도 있고, 또 어떤 사람은 돈 문제에 정직하지 못해서 사역을 내려놓아야 하는 사람들도 있습니다. 우리는 그런 사람을 가치없는 사람으로 판단합니다.

그런데 사도 바울은 그 당시 로마 감옥에 갇혀 있었습니다. 그는 가장 인생 밑바닥에서 하루하루 살아가고 있는 사람이었습니다. 그러나 그는 하나님의 말씀을 붙들고 고난을 받고 있었습니다. 이런 사람은 엄청나게 가치가 높은 사람입니다. 사도 바울은 이 세상에 있는 사람 중에 보물 중의 보물이었습니다.

에베소 교인들은 처음부터 한결같은 마음으로 예수를 믿었고, 사도 바울이 떠난 후에도 다른 복음을 들으려고 하거나 우상 숭배자로 돌아가지 않았습니다. 그리고 그들은 예수 믿는 사람들이 지나가게 되면 그들을 환영하고 친절하고 따뜻하게 대했던 것입니다. 이것에 대해서 에베소 교인들 자신은 잘 모르고 있었지만 그들은 하나님의 가치 있는 사람이었습니다. 그래서 사도 바울은 기도할 때마다 에베소 교인들이 기억나서 그들을 위해서 기도했습니다.

1:16, "내가 기도할 때에 기억하며 너희로 말미암아 감사하기를 그치지 아니하고"

우리가 보통 기도할 때 누군가가 생각난다면 그는 나의 가족이거나 아니면 나에게 아주 소중한 사람일 것입니다. 사도 바울은 기도할 때마다 에베소 교인들이 생각났습니다. 그들은 하나님 앞에서 아주 가치 있는 사람이었기 때문입니다. 보통 하나님 앞에서 가치 있는 사람은 자신을 반대로 생각할 때가 많습니다. 즉 남들은 자기를 알아주지도 않고 자기 자신은 너무나도 부족하다고 생각한다는 것입니다. 그러나 우리가 처음 들었던 복음을 끝까지 붙드는 것은 너무나도 가치 있는 믿음입니다. 세상 사람이나 다른 사람들이 뭐라고 하든지 간에 처음 사도들이 전해주었던 복음을 끝까지 믿어야 길을 잃어버리지 않습니다.

다른 사람들이 기도할 때 생각나는 존재가 된다는 것은 대단한 것입니다. 우리가 기도할 때 자식이나 부모님은 늘 기억날 것입니다. 처음부터 끝까지 복음을 붙드는 사람은 보석 중의 보석입니다. 그리고 그런 사람은 누구든지 크리스천이라고 하면 친절하게 대하고 사랑을 베풉니다. 그런데 왜 사도 바울은 에베소 교인들의 믿음을 생각하고 감사하기를 그치지 않는다고 했을까요? 그것은 그들이 보석의 가치를 유지하고 있기 때문입니다. 우리가 그런 보물을 알고 있고 가지고 있다는 것은 큰 축복입니다.

그래서 우리는 우리 자신의 가치를 하나님의 말씀이나 사도의 말을 통해서 확인받을 필요가 있습니다. 왜냐하면 우리가 보물인데 그것을 모르는 것보다 더 비참한 것이 없기 때문입니다. 어떤 사람이 보물의 가치를 몰라서 쓰레기통에 버리거나 혹은 진흙에 넣고 발로 밟는다면 얼마나 어리석은 일이겠습니까? 우리가 처음 믿음을 변함없이 붙들고 있고, 믿음을 가진 자들에게 친절하고 겸손하게 대한다면 우리 자신이 보물입니다. 그리고 우리는 이 세상에서 자기만 잘난 줄 알고 더 유명해지려고 하고 이름을 내려고 하는 자들에 대하여는 상대하지 말아야 합니다.

2. 우리가 깨닫게 되는 것

사도 바울이 에베소 교인들을 위하여 기도하는 제목은 그들이 더 물질적으로 부요해지거나 세상 지식이 많아지는 것이 아니었습니다. 사도 바울은 에베소 교인들이 세상적으로 성공하는 것을 위하여 기도하지 않았습니다. 왜냐하면 그들에게는 이 세상 나라와는 다른 또 다른 세계가 있었기 때문입니다. 바로 하나님의 나라입니다. 그리고 하나님의 눈으로 그 세계와 자기 자신을 보는 것입니다.

> 1:17, "우리 주 예수 그리스도의 하나님, 영광의 아버지께서 지혜와 계시의 영을 너희에게 주사 하나님을 알게 하시고"

"지혜와 계시의 영"이라는 것은 우리가 가지고 있는 이 세상의 처세술이나 머리 좋은 것이 아닌 성령님께서 우리에게 새로 주시는 영감, 즉 인스피레이션(inspiration)을 말하는 것입니다. 우리에게 '지혜와 계시의 정신'이 없을 때 이 세상의 영광이 대단하게 보입니다. 예를 들어서 로마 황제나 총독의 영광은 대단한 것입니다. 혹시 누군가가 황제나 총독과 가까운 사람이 있다면 그 사람도 정말 영광스럽게 보일 것입니다. 그러나 이 세상의 성공이나 영광은 너무나도 작은 것에 불과합니다. 이것은 어린아이들 세계의 딱지나 구슬에 불과한 것입니다. 우리에게 지혜와 계시의 영이 임하면 우리는 거대한 하나님의 우주를 보게 되고 아주 섬세한 곤충이나 새들의 세계도 보게 되고 우리에게 매일매일 일어나는 놀라운 하나님의 역사를 보게 됩니다.

우리 인간은 매일 어마어마하게 큰 우주를 항상 눈앞에 두고 있습니다. 우리는 지구가 우주의 전부라고 생각합니다. 그래서 할 수 있으면 땅을 많이 사 놓으려 하고 또 땅 위에 높은 건물을 지으려고 합니다. 그러나 지구는 우리 앞에 있는 세계의 아주 작은 부분에 불과합니다. 우리 앞에는 어마어마하게 큰 우주가 있습니다. 우리 인간은 우주의 끝이 어디인지 알지 못합니다. 인간이 달에 겨우 갔다 왔습니다. 그리고 이제는 화성에 우주선의 일부를 착륙시켰습니다. 그런데 우주는 우리가 상상조차 하지 못할 정도로 어마어마하게 큽니다. 그런데 이 우주를 하나님은 매일 보고 계신 것입니다.

그리고 이 우주 밖에는 또 다른 세계가 있습니다. 바로 하나님의 나라입니다. 그런데 놀라운 것은 우리 인간이 그 하나님의 나라에 갈 수 있다는 사실입니다. 그것은 오직 예수 그리스도를 통해서입니다. 예수 그리스도의 비밀을 통하지 않고는 하나님께 갈 수 없습니다. 그런데 하나님은 영광중에 계십니다. 이 영광이라는 것은 빛을 말하고 동시에 불을 말합니다. 하나님은 태양보다 수천만 배 더 뜨겁고 환한 빛 가운데 계십니다. 인간도, 천사도 하나님을 볼 수 없고 하나님께 가까이 나아갈 수 없습니다. 그러나 오직 예수 그리스도를 믿음으로 하나님께 나아갈 수 있습니다. 예수님은 하나님의 아들이기 때문입니다. 우리는 예수를 믿음으로, 그의 복음을 믿음으로 하나님의 영광 안에 들어갈 수 있습니다. 그런데 정말 놀라운 것은 그 하나님이 나의 아버지가 되신다는 사실입니다. 우리는 하나님의 아들로 인정을 받았습니다. 우리는 영원히 지워지지 않는 성령으로 하나님의 아들로 인정을 받았습니다. 그런데 하나님의 아들이 무엇이 부족해서 이 세상에 있는 것들을 더 가지려고 기웃거리거나 남에게 인정을 받으려고 아부를 하겠습니까? 태양보다 수천 배 더 밝은 빛 가운데 계신 분이 우리 아버지이십니다.

그런데 하나님은 이 세상을 사랑하십니다. 그 증거가 무엇일까요? 오직 지구에만 그렇게 물이 많다는 것입니다. 지구는 물로 만들어진 별입니다. 그리고 수많은 생명체가 있습니다. 이 모든 것이 우리가 관심을 가지고 사랑해야 할 대상입니다. 나쁜 사람들도 자기 자신의 가치를 찾지 못해서 그렇지 찾기만 하면 얼마든지 착한 사람이 될 수 있습니다.

그런데 "영광의 아버지께서 지혜와 계시의 영을 너희에게 주사 하나님을 알게 하시고"라고 했습니다. 구 개역성경에는 "지혜와 계시의 정신을 너희에게 주사"라고 했습니다. 우리가 어리석을 때는 이 세상에 있는 것밖에 보지 못했습니다. 그래서 우리가 이 세상에 있는 것들의 찬란함과 영광에 빠져 있을 때는 우리 정신이 나간 것이고 미친 것입니다. 그런데 하나님께서 우리에게 새 정신을 주셨습니다. 그 때 우리는 성경을 새롭게 해석할 수 있습니다. 성경은 하나님의 생각을 문자로 보낸 것입니다. 우리가 성경을 해석하는데 거기서 계속 새로운 뜻을 찾아가게 됩니다. 옛날에는 도무지 알지 못했는데 이제는 성경이 문을 열면서 새 뜻을 보여주시는 것입니다.

그리고 그것만이 아니라 현실과 함께 볼 수 있게 하십니다. 그것이 바로 예수님이 비유로 하신 말씀입니다. 예수님은 어떤 사람이 땅을 파다가 항아리 안에 보화를 발견한 말씀을 비유로 하셨습니다. 그는 보화의 가치를 알고는 집에 있는 것을 다 팔아서 그 땅을 샀다고 했습니다. 하나님의 나라는 진주 장사가 엄청나게 큰 진주를 찾은 것과 같다고 하셨습니다. 하나님의 나라는 좋은 땅에 뿌려진 씨와 같다고 하셨습니다. 예수님은 참새 한 마리를 보시면서 우리 생명의 가치를 말씀하셨습니다. 하나님은 우리 머리털까지 다 헤아리신다고 말씀하셨습니다. 예수님은 들의 백합화를 보라고 말씀하셨습니다. 예수님은 성령은 바람과 같다고 말씀하셨습니다. 이렇게 하나님은 우리에게 계속 영감을 주십니다. 우리에게 인스피레이션을 주셔서 지혜롭게 행하게 하십니다. 요셉은 칠년 풍년 뒤에 칠년 흉년이 올 것을 알았습니다.

우리가 하나님을 안다는 것은 새로운 하나님의 뜻을 발견해 나가는 것을 말합니다. 사도 바울은 죄수의 신분으로 배를 타고 로마에 끌려갔지만 폭풍을 만남으로 배에 함께 탄 사람들이 다 하나님을 믿게 되었습니다. 우리는 하나님을 알고 있습니다. 그러나 우리는 어려움 가운데 하나님을 더 믿어야 합니다. 우리가 하나님의 뜻을 알면 알수록 우리 마음은 더 넓어집니다.

3. 부르심의 소망

우리는 어떤 사람이 우리를 부른다면 어떤 기대를 가지게 됩니다. 예를 들어서 어떤 회사가 우리를 취직시켰으면 우리는 일을 하게 될 것이고 월급을 받게 될 것입니다. 군대에서 젊은이를 불렀으면 군복을 입게 할 것이고 총을 줄 것입니다. 어떤 사람이 자기 생일이라고 친구를 불렀으면 맛있는 음식을 줄 것이고 선물을 주고받을 것입니다. 그런데 하나님께서 그 아들을 이 세상에 보내셔서 십자가에 죽기까지 하시면서 우리를 부르셨다면 틀림없이 대단한 것을 우리에게 주실 것입니다.

하나님은 도대체 무엇을 주시려고 우리를 부르셨을까요? 우리는 하나님에게 원하는 것이 무엇입니까? 우리는 하나님으로부터 돈을 원합니까? 아니면 이 세상의 권세나 성공을 원합니까? 우리는 모두 미래의 소망을 가지고 살아갑니다. 아마 미래에 아무 소망이 없다면 우리는 살고 싶지 않을 것입니다. 어리고 또 청소년 때에는 미래에 하고 싶은 일들이 너무 많습니다. 그러나 인생이 너무 빨리 흘러버려서 노인이 되면 미래에 대하여 희망을 가질 수 없습니다. 그 대신 기다리고 있는 것은 죽음입니다.

그러나 하나님은 먼저 우리 눈을 밝혀주신다고 했습니다.

1:18, "너희 마음의 눈을 밝히사 그의 부르심의 소망이 무엇이며 성도 안에서 그 기업의 영광의 풍성함이 무엇이며"

하나님은 무엇보다 먼저 우리의 눈을 밝혀주신다고 했습니다. 이것은 평소의 우리 눈이 침침한 것을 말합니다. 우리는 눈이 침침해서 무엇을 봐도 아무것도 알지 못합니다. 그런데 하나님이 우리 눈을 밝혀주신 순간 우리는 우리에게 있는 모든 것이 신기하다는 것을 깨닫게 됩니다. 우리가 숨 쉬는 것이나 늙어가는 것, 곤충이나 물고기가 사는 것, 공기가 움직이는 것이나 꽃이 피는 것이 신기하지 않은 것이 아무것도 없을 것입니다.

그런데 하나님은 어떤 소망 때문에 우리를 부르셨을까요? 가장 중요한 것이 깨끗한 양심을 가진 자로 우리를 만드시는 것입니다. 이 세상에 최고의 보석은 예수 그리스도의 보혈로 씻음 받는 깨끗한 양심입니다. 하나님은 그것을 우리에게 주시기를 원하십니다. 그리고 하나님은 우리에게 사랑을 알게 하십니다. 우리가 사랑이라고 생각하는 것은 실제로는 사랑이 아니라 본능입니다. 남자나 여자는 본능적으로 이성에게 끌리는 것이기 때문에 그것은 진짜 사랑이 아닙니다. 사람들은 근본적으로 이 세상의 썩어질 것들을 사랑하며 죽을 때까지 끼고 있으려고 합니다. 그러나 하나님은 우리에게 사랑을 알게 하십니다. 그리고 하나님은 우리에게 하나님이 만드신 세계가 얼마나 놀라우며 하나님을 아는 것이 얼마나 큰 복인지 깨닫게 하십니다. 그리고 하나님은 우리에게 주실 기업의 영광을 알게 하십니다.

18절 하반절에 "성도 안에서 그 기업의 영광의 풍성함이 무엇이며"라고 했습니다. 우리는 아직 우리가 받을 기업을 알지 못합니다.

그러나 짐작하기에는 우주 전체를 하나님은 우리에게 주시려는 것 같습니다. 하나님은 새 하늘과 새 땅을 창조하실 것입니다. 하나님은 우리 성도들에게 무한정의 땅과 별과 생명나무와 생명수를 주실 것입니다. 우리의 소망은 영생을 얻는 것입니다. 그래서 우리는 죽을 때까지 하나님을 찬송하고 감사할 수 있습니다. 왜냐하면 이것이 바로 우리의 소망이기 때문입니다.

지금 우리에게는 어마어마한 하나님의 능력이 있습니다. 그것은 바로 죽은 자를 살게 하는 능력입니다. 하나님의 말씀이 해석되면 우라늄이 분해되는 것 같은 에너지가 발생하게 됩니다. 이것은 핵무기의 위력과 비교되지 않는 것입니다.

> 1:19, "그의 힘의 위력으로 역사하심을 따라 믿는 우리에게 베푸신 능력의 지극히 크심이 어떠한 것을 너희로 알게 하시기를 구하노라"

여기서 그의 "힘"이라는 것은 헬라어로 '에네르기'라고 합니다. 하나님은 엄청난 에너지를 사용하셔서 우주를 만드셨습니다. 그런데 그보다 더 큰 에너지로 예수 그리스도를 살리셨습니다. 그의 영이 살아나게 하시고 그의 몸이 지금 우리의 몸보다 비교할 수 없을 정도로 뛰어나게 하실 것입니다. 지금 우리가 하나님을 믿는 것은 엄청난 에너지가 공급되고 있기 때문입니다. 그러나 하나님은 그 에너지로 사람들을 죽이시기보다는 살리시기를 원하십니다. 그러나 우리의 에너지는 전쟁도 막을 수 있고 애굽의 재앙을 임하게 할 수도 있고 홍해도 갈라지고 바위에서 생수가 터져 나오게 할 수도 있습니다. 이것이 우리 믿는 성도들에게 부흥이 일어날 때 일어나는 현상입니다. 다시 우리에게 이런 부흥의 큰불이 일어나면 우리는 놀라운 하나님의 세계를 보게 될 것입니다.

04

그리스도의 높으심

에베소서 1:20-23

우리나라 사람들이 좋아하는 윤동주 시인의 시 중에는 〈별 헤는 밤〉이라는 시가 있습니다. 그리고 반 고흐의 그림 중에는 유명한 〈별이 빛나는 밤〉이라는 그림이 있습니다. 그 그림에는 별이 화려하고 그 별들이 물에 비치고 있습니다. 우리가 밤하늘의 별을 보면 너무 높은 곳에 있어서 감히 올라갈 생각을 하지 못합니다. 우리가 보기에 가장 높은 곳에 있는 것은 별입니다. 그러나 만일 저 별들을 만드신 분이 있다면 그분은 너무나도 높으신 분이실 것입니다.

피아노 독주회를 할 때 가장 중심이 되는 사람은 피아니스트입니다. 그곳에 온 관객은 모두 그 피아니스트의 연주를 듣기 위해서 거기에 온 것입니다. 저는 피아노 콘서트에서 연주를 듣고 난 후 음반으로 듣는 것과는 너무나도 다르다는 것을 알게 되었습니다. 음반으로 듣는 것은 음악만 듣는 것이지만, 현장에서 듣는 연주는 연주자의 표정과 그의 손놀림 그리고 관객의 진지한 태도 등 모든 것을 다 볼 수 있기 때문입니다.

오늘 사람들은 기독교의 교회에 대하여 부정적인 이야기를 많이 하고 있습니다. 더욱이 교인들까지도 교회를 불신하여 교회에 잘 출석하려고 하지 않습니다. 저 역시 청년시절에 기독교에 대하여 많은 실망을 하고 있었습니다. 그중에 하나는 설교였고, 또 하나는 교회였습니다. 설교는 목사님이 자기 마음대로 수준 낮은 하나님의 말씀을 전하는 것 같았고, 교회는 목사님이나 힘 있는 장로에 의해서 좌지우지되고 있는 것 같았습니다. 그러다가 어느 날 저는 로이드 존즈 목사님의 강해 설교를 보게 되었는데, 그의 설교는 한 설교 안에 교리와 적용으로 가득 차 있었습니다. 저는 설교가 이런 것이라면 무엇인가 가능성이 있다고 생각했습니다. 그리고 에베소서를 깊이 있게 연구하면서 교회는 우리가 생각하는 것과는 달리 그리스도의 몸이고 신비의 공동체라는 사실을 알게 되었습니다. 그리고 목사의 직을 사모하게 되었습니다.

오늘 사람들은 겉모습만 보고 교회에 대하여 실망하고 기독교에 대하여 판단을 하고 있습니다. 그러나 교회나 온 우주의 주인공은 역시 연주자인 그리스도입니다. 그리스도는 하나님의 연주의 주인공입니다.

1. 그리스도의 앉으심

피아니스트의 연주는 피아노 의자에 앉는 데서부터 시작합니다. 피아니스트는 피아노 의자에 앉아서 손을 피아노 건반에 올린 후 자기가 외운 협주곡을 온 힘과 열정과 감정을 다 넣어서 연주할 것입니다. 거기에서 청중은 연주자의 힘이나 기교를 느끼게 될 것입니다.

우리가 기독교를 알려고 하면 먼저 우주를 알아야 합니다. 우주는 낮보다는 밤에 오히려 더 잘 보일 것입니다. 낮에는 강한 햇빛 때문에 별이 보이지 않습니다. 그러나 밤이 되면 수많은 별이 떠오르게 되고 우리는 우주의 한 부분이 됩니다. 그래서 우리가 하나님을 생각하려고 하면 우주를 먼저 보아야 합니다. 우주의 크기는 우리가 상상할 수 없습니다. 우리가 우주선을 타고 총알 같은 속도로 아무리 빨리 날아가도 아직 우리는 태양계도 벗어나지 못한다는 것입니다. 그 우주 밖에 하나님이 계십니다. 하나님은 우주를 만드셨습니다. 우주는 하나님의 품 안에 있고 우주는 하나님보다 작습니다. 그 어마어마하게 크신 하나님 앞에서 우리는 그야말로 먼지보다 작은 존재입니다.

그런데 이 우주의 음악을 연주하는 연주자가 나타났습니다. 그 연주자는 하나님이 아닙니다. 천사도 아닙니다. 원래부터 그의 존재가 비밀이었습니다. 그런데 하나님의 때가 되었을 때 하나님은 하나님의 아들을 나타내 보여주셨습니다. 원래는 하나님의 아들도 하나님만큼 크셔야 합니다. 그러나 하나님의 아들은 하나님의 음악을 연주하기 위하여 아주 작아지셨습니다. 하나님의 아들은 우리 인간과 똑같아지셨습니다. 여기서 우리는 하나님께서 하시는 일이 이해되지 않습니다. 그 영광스러운 하나님의 아들이시라면 태양보다 더 밝은 빛 가운데서 공중에 나타나셔야 할 텐데 왜 인간이 되셨을까요? 과연 인간이 된 하나님의 아들을 하나님의 아들이라고 인정할 수 있을까요? 어린 아기로 태어난 그분은 어느 누가 봐도 사람이고 어린 아기이지 하나님의 아들일 수 없었습니다.

예수님은 청년이 되셨지만 도저히 하나님의 아들이라고 말할 수 없었습니다. 그는 오직 한 사람의 목수였습니다. 물론 그가 가르치는 하나님의 말씀은 놀라웠고 한 번씩 행하는 기적은 놀라운 것이었지만, 그를 우주를 만드신 하나님의 아들로 볼 수는 없었습니다. 그러나 그는 놀랍게도 죽음의 길을 가셨습니다. 그는 얼마든지 더 살 수 있었지만 유대 지도자들과 충돌하시고 결국 사형판결을 받으시고 십자가를 지시고 골고다라는 곳으로 가셨습니다. 그때까지만 해도 사람들은 그를 하나님의 아들로 믿기에는 너무나도 부족했습니다. 그래서 예수님의 제자 중에서도 긴가민가하다는 사람들이 많았습니다. 그분은 결국 십자가에 못 박혀 죽으시고 무덤에 장사지내게 되었습니다. 그는 아기로 태어나셨고 한 인간으로 죽으셨습니다.

그런데 하나님의 진짜 능력은 그가 죽은 후부터 나타나기 시작했습니다. 예수님의 시신은 무덤에 있었지만 예수님의 영혼은 지옥에 끌려가셨습니다. 마귀가 사흘 동안 예수님을 탈탈 털었지만 그에게는 먼지만 한 죄도 없었습니다. 그는 지옥 밑창에서 살아나셔서 철장으로 사망을 두들겨 깨셨습니다. 인간이 만들어진 후 한 번도 깨어진 적이 없던 사망이 부서지게 되었습니다. 예수님은 거기서 죄를 두들겨 부수셨습니다. 모든 인간은 죄의 노예였는데 인간을 결박하고 있는 죄의 사슬들이 끊어지기 시작했습니다. 그리고 예수님은 사탄의 머리를 깨뜨리셨습니다. 그리고 예수님은 하나님 앞에 가서서 자신의 피로 의로운 제사를 드리셨습니다. 하나님께서는 예수님이 드리는 제사를 '완전한 합격'이라고 하면서 받으셨습니다. 그리고 예수님은 예수 믿는 모든 사람의 죄가 사해졌으며 그들을 모두 하나님의 아들로 삼으시고 영생을 주신다고 선포하셨습니다. 이때 하나님의 아들은 그 완전한 모습이 나타나게 되었습니다.

1:20, "그의 능력이 그리스도 안에서 역사하사 죽은 자들 가운데서 다시 살리시고 하늘에서 자기의 오른편에 앉히사"

예수님은 인간으로 태어나셨지만 죄가 하나도 없으셨습니다. 하나님의 법에 의하면 죄가 하나도 없는 분이 죽으면 사망이 깨어지게 되어 있었습니다. 이것이 가장 어려운 것이었습니다. 그는 죽으셨습니다. 그러나 그는 사망을 이기고 살아나셨습니다. 예수님은 영혼만 살아나신 것이 아니라 육신이 함께 살아나셨습니다. 그런데 예수님의 그 육신은 지금까지 인간이 한 번도 본 적이 없는 육신이었습니다. 하나님의 아들은 어마어마하게 커지신 것은 아니었습니다. 그는 아직 여전히 작은 인간의 몸으로 계셨습니다. 그러나 그는 영광의 몸이셨습니다. 그는 햇빛같이 빛나는 몸이었고 어느 누구도 이길 수 없는 강한 힘을 가지고 계셨습니다. 그리고 그는 자기가 원하는 모든 자를 다 살리는 능력을 받으셨습니다. 이것은 이론이 아니고 실제입니다.

그런데 우리가 예수님을 보려고 하면 이 세상에서는 볼 수 없습니다. 왜냐하면 그는 지금 하나님의 오른편에 앉아계시기 때문입니다. 대개 왕의 오른편에 앉아 있다는 것은 왕의 아들이라는 것입니다. 왕의 부인도 앉아서 왕이 정치하는 것을 옆에서 봅니다. 신하들은 앉아 있지 못하고 모두 서 있습니다. 그들은 왕이 무엇을 물어보면 답을 하고 자신의 의견을 말하라고 하면 의견을 말할 수 있습니다. 그러나 왕의 아들은 왕의 오른편에 앉아서 왕의 모든 정치를 다 합니다. 왜냐하면 왕이 모든 것을 아들에게 일임했기 때문입니다. 하나님은 여전히 우주의 주인이십니다. 하나님은 어마어마하게 크시고 영광스러운 분이십니다. 그러나 이 세상 모든 것을 하나님은 아들에게 다 맡기셨습니다. 그래서 아들이 내린 결정에 대해서는 아무도 군소리 없이 복종해야 하는 것입니다.

우리 그리스도인은 하나님의 아들이 이 세상에 보낸 밀사들입니다. 우리는 이 세상에 은밀하게 하나님 아들의 뜻을 전하는 사람들입니다. 그러나 온 우주의 연주자는 하나님의 오른편에 앉으신 하나님의 아들입니다. 우리는 오직 그의 오케스트라요 밀사입니다. 우리는 이 세상에서 자신의 신분을 드러낼 것이 아니라 왕이 가라고 하는 곳에 가서 그 메시지를 전해야 하는 사명이 있습니다.

2. 그리스도의 권세

하나님 앞에는 많은 천사가 있습니다. 그런데 이 천사도 계급이 있고 맡은 임무가 있습니다. 그중에는 주로 사탄과 전쟁하는 미가엘도 있고, 또 하나님의 소식을 전해주는 가브리엘도 있습니다. 그 외에도 하나님 앞에서는 이 세상의 정치를 지배하는 천사도 있고, 경제를 지배하는 천사, 문학이나 예술을 지배하는 천사도 있습니다. 어떤 나라의 국력을 결정하는 천사도 있고, 나라가 망하거나 새로 세워지는 것을 결정하는 천사도 있습니다. 옛날에는 그중에 참소자라고 하는 사탄이 있었는데, 그는 욥을 굉장히 괴롭혔고 모든 성도의 잘못을 찾아내려고 조사도 하고 하나님에게 일러바치기도 하던 천사였습니다. 그러나 예수님이 이 세상에 내려오심으로 사탄은 땅으로 내쫓겼습니다. 그래서 사탄은 지금 땅 위에서 자신의 졸개인 악한 천사들을 데리고 전쟁과 살인과 독재와 모든 악한 짓을 다하고 있는 것입니다.

하나님의 아들은 죽은 자 가운데서 부활하신 후 제자들에게 몇 번 나타나셨습니다. 하나님의 아들은 어떤 때 여인들에게 나타난 적도 있습니다. 그러나 예수님은 제자들이 보는 앞에서 구름을 타시고 하늘로 올라가신 후 다시 오시지 않았습니다. 단지 예수님은 사도 바울에게 나타나신 적은 있었습니다. 사도 바울이 악한 자가 되어서 다메섹에 있는 성도들을 체포하러 가고 있을 때 예수님은 태양보다 더 밝은 빛 가운데서 "사울아 사울아 네가 어찌하여 나를 박해하느냐?" 하면서 나타나셨습니다. 그때 사울은 그 강한 빛에 눈이 멀어버렸습니다. 그러나 다행스럽게도 사울이 그 빛을 볼 때 눈 위에 무슨 꺼풀 같은 것이 덮이면서 완전한 실명은 면하게 되었습니다.

예수님이 이 땅에 다시 오실 때는 하늘에서 나팔소리와 함께 오시게 될 것입니다. 그리고 이 세상의 모든 악한 자들은 그때야 비로소 성경이 맞는 것을 알고는 어린 양의 진노를 피하려고 도망치겠지만 도망칠 곳은 없을 것입니다. 그래서 그들은 산과 바위에게 자기 위에 무너져달라고 소리를 지를 것입니다. 왜냐하면 그들이 입은 옷은 누더기이고 그들은 이 세상에서 죄만 지었기 때문입니다. 하나님의 보좌 오른편에 앉으신 그리스도에게는 많은 천사가 부하로 있습니다.

1:21, "모든 통치와 권세와 능력과 주권과 이 세상뿐 아니라 오는 세상에 일컫는 모든 이름 위에 뛰어나게 하시고"

여기 "모든 통치"라는 것은 나라를 질서 있게 다스리는 것을 말합니다. 그래서 각 나라마다 왕이나 대통령이 있어서 나라를 질서 있게 다스립니다. 그러나 이런 천사들은 좋은 천사도 있지만 악한 천사도 있습니다. 그래서 악한 천사가 통치할 때는 독재정치나 거짓 정치를 하고 사람들을 많이 감옥에 가두는 공포정치를 합니다. 그리고 나라를 다스렸던 사람들도 그 자리에서 물러나면 감옥에 갇히든지 죽게 됩니다. 로마의 역사를 보면 로마는 한 사람이 다스리기에는 너무나도 부와 권력이 많았습니다. 그래서 대개 황제들은 거의 미친 사람이 되어서 악한 정치를 했고 나중에는 칼에 찔려 죽습니다.

"권세"라는 것은 어떤 일을 할 수 있는 힘을 가진 것을 말합니다. 아무리 대통령이고 장군이라 하더라도 명령을 내렸을 때 밑에서 말을 듣지 않으면 소용이 없습니다. 예수님은 자연까지도 복종시키는 권세를 가지셨고 귀신들도 그의 말에 복종했습니다. 더욱이 예수님의 말씀에는 권세가 있어서 믿음대로 모든 것이 이루어지게 됩니다.

또 "능력"은 힘을 겨루어서 이길 힘을 말합니다. 우리는 새카맣게 많은 사탄의 부하들과 힘을 겨루어야 할 때가 많이 있습니다. 사탄은 우리를 넘어뜨리려고 하고 우리는 사탄의 세력을 부수어야 합니다. 그때 우리가 예수님의 능력을 의지하면 예수님은 철장으로 질그릇을 부수듯이 사탄의 세력을 부수실 것입니다. 이번에도 코로나가 교회를 많이 공격하려고 했지만 주님은 막아주셨습니다. 그리고 "주권"은 다른 나라 다른 세력의 간섭이나 지배를 받지 않는 힘을 말합니다. 주권이 없으면 다른 나라의 종이 될 수밖에 없습니다. 유대인들은 주권을 찾으려고 로마와 싸웠다가 110만 명이 죽임을 당하고 나라가 망했습니다. 이것은 악한 주권이 이겼기 때문입니다.

그리고 "이 세상뿐 아니라 오는 세상에 일컫는 모든 이름"이라고 했습니다. 그래서 앞으로 새로운 우주가 만들어지면 새로운 직책들도 세워지게 될 것입니다. 그러나 언제 어디서나 가장 높은 분은 하나님의 아들 우리 주 예수 그리스도입니다. 지금이나 나중이나 예수님보다 더 높은 분은 없습니다. 그럼에도 불구하고 지금 악한 자들이 설치고 있는 것은 주님이 과연 이들이 어느 수준까지 설치는지 지켜보고 계신 것입니다.

3. 교회는 그리스도의 몸

오늘 우리가 보고 있는 교회는 너무나도 부족하고 인간적인 약점이 많은 모임입니다. 그 이유는 하나님께서는 아직까지 죄인들을 교회를 통해서 천국에 초청하기를 원하시기 때문입니다. 예수님은 복음의 모든 권한을 교회에 다 맡겨주셨습니다. 그래서 교회나 교회를 맡은 목회자들이 돈을 챙기거나 명예를 위해서 복음을 이용해도 내버려두시는 것입니다. 그런데 사람들은 교회의 그런 모습만 보고 교회가 썩었고 타락했다고 욕을 하고 있는 것입니다. 만일 교회가 천사 같은 수준이라고 하면 술이나 마시고 노름이나 하고 부인을 못살게 구는 사람은 교회에 올 생각도 하지 못할 것입니다. 이것은 마치 피아노 콘서트에서 아직 오케스트라는 조율하고 있는 중이고 아직 하나님의 아들의 연주는 시작이 되지 않은 것과 같습니다.

1:22, "또 만물을 그의 발 아래에 복종하게 하시고 그를 만물 위에 교회의 머리로 삼으셨느니라"

예수님은 장차 이 세상의 모든 세력을 예수님의 발아래 복종시킬 것입니다. 그때 이 세상은 정지상태에 들어가게 됩니다. 그리고 그리스도는 교회의 머리로 있습니다. 이때 교회는 온 세상 꼭대기에서 예수님과 함께 하나님의 계획을 완성하는 음악을 연주하게 될 것입니다. 그래서 지금도 예수님은 교회의 머리입니다. 그래서 누구든지 그리스도에게 가려고 하면 교회를 더듬어서 가면 되는 것입니다.

교회는 그리스도의 신부입니다. 아직 결혼식 날이 남았기 때문에 아무 옷이나 입고 있지만 어린 양의 결혼식 날이 되면 신부는 흠도 티도 없는 모습으로 나타나게 될 것입니다. 그리고 엉터리 거짓말이나 하고 자기 인기만 끌던 종들은 모두 지옥으로 쫓겨나게 될 것입니다. 어떤 사람은 기적을 행하고, 어떤 사람은 최고의 설교자라는 소리를 듣고, 어떤 사람은 예수님과 함께 식사도 하고 귀신도 쫓아내었지만, 예수님은 "내가 도무지 너희를 알지 못한다. 이 악을 행한 자들아, 나를 떠나가라"고 하실 것입니다.

1:23, "교회는 그의 몸이니 만물 안에서 만물을 충만하게 하시는 이의 충만함이니라"

교회는 그리스도의 몸입니다. 몸은 신경과 혈관으로 머리와 다 연결이 되어 있습니다. 그런데 이 세상은 아직 충만하지 못합니다. 이 세상은 무엇인가 허전하고 공허한 느낌입니다. 그 이유는 아직 그리스도의 연주가 시작되지 않았기 때문입니다. 그런데 교회가 충만하게 될 때 그리스도의 연주는 시작이 됩니다.

교회의 충만이라는 것은 두 가지로 생각합니다. 하나는 하나님이 택하신 자들이 전부 다 믿게 되는 것입니다. 그래서 이제는 전도해도 전혀 믿는 자가 없을 때가 되면 주님이 오실 때입니다. 그리고 또 하나는 순교자의 숫자가 차는 것입니다. 순교는 가장 강력한 하나님의 증거입니다. 그런데 더 이상 순교자가 생길 필요가 없을 정도로 죽을 자들이 다 죽었다면 막은 오르게 되고 천국 문은 닫히게 되는 것입니다. 이때 사람들은 모두 통곡하면서 문을 열어 달라고 할 것이고, 산이나 바위가 내 위에 무너지게 해달라고 애원할 것입니다.

교회는 기적의 공동체입니다. 성령이 교회에 꽉 차게 되면 기적이 일어나게 됩니다. 그리고 교회는 악한 사탄의 세력을 부수는 능력입니다. 이런 기도와 말씀으로 충만하기 바랍니다.

05

우리 자신의 과거

에베소서 2:1-3

코로나 이후로 세상 사람들은 교회에 대하여 비난을 많이 하고 있습니다. 특히 언론이 중심되어서 공격하는데 대면 예배를 드린 교회를 주로 비난합니다. 즉 예수님은 "이웃을 네 몸처럼 사랑하라"고 하셨는데, 요즘 교회는 이웃을 사랑하지 않고 자기만 생각한다고 비난합니다. 특히 교회 원로 중 어떤 사람은 생명을 중요시하지 않는 예배는 하나님께 반역하는 것이라고 했습니다. 그래서 교회는 도대체 무엇을 하는 곳인가 하는 것이 문제가 되고 있습니다. 교회는 무조건 이웃을 사랑하는 곳인가, 아니면 사람이 변화되어 새 사람이 되는 곳인가 하는 것입니다.

만약 교회가 세상이나 목회자의 성공을 위해서 교회나 교인들을 이용하는 곳이라면 교회를 더 이상 다닐 필요가 없습니다. 진정한 교회는 그런 곳이 아닙니다. 교인들이 교회에 실망하는 이유는 자신들이 너무 쉽게 가까이 있는 유명한 교회를 선택하기 때문입니다. 그러나 처음부터 복음을 바로 들은 교인이라면 처음 설교를 들었을 때 그곳은 바른 교회가 아니라는 것을 알 것입니다.

교회에서 병원의 중환자실을 방문할 때가 있습니다. 그런데 중환자실에 들어가면 병상에 붙어 있는 명찰을 보고서야 겨우 찾게 되는데 너무나도 변해 있는 모습에 놀라게 됩니다. 아프기 전에는 정말 멋있는 분이었는데 뇌수술을 했거나 뇌졸중이 온 후에는 얼굴이 너무 변해 있어서 찾을 수 없을 정도입니다. 병이라는 것은 정말 무섭습니다. 그렇게 멀쩡하던 사람이 완전히 딴 사람으로 바뀌어서 알아보지도 못하게 만드는 것입니다.

교회는 어떤 곳일까요? 교회는 멋진 자신을 찾는 곳입니다. 극도로 비만한 사람도 살이 빠지고 술 취하고 대마초에 취한 사람이 중독에서 벗어나고 조현병에 걸린 사람도 치료하는 곳입니다. 사람은 이런 교회를 찾아가야 합니다. 그러나 이런 교회를 찾아가지 않고 단지 사람들이 많이 모이고 건물 외형이 화려하고 목사의 설교가 재미있고 웃긴다고 해서 열심히 다녀서는 자기 자신을 찾지 못할 것입니다.

1. 우리를 살리신 예수

우리가 교회를 가는 이유는 예수님을 만나기 위해서입니다. 신약성경을 보면 예수님을 만난 사람마다 병이 치료되고 자기 자신을 찾았습니다. 어떤 여인은 12년 동안 혈루증에 걸려서 고생했으나 지나가시는 예수님의 옷자락을 잡았는데 그 병이 나았습니다. 우리가 교회에 오는 것은 유명한 목사의 설교를 들으러 오는 것이 아니고 정치 강연을 들으러 오는 것도 아닙니다. 오직 우리는 예수님을 만나러 오는 것입니다.

예수님은 하나님의 아들이신데 정말 놀라운 분이십니다. 그는 인간이 되셨습니다. 그는 전혀 하나님의 아들 같지 않았습니다. 그는 유대인의 미움을 받아서 십자가에 못 박혀 죽으셨습니다. 그러나 그는 죽고 난 후에 엄청난 일을 하셨습니다. 사망의 권세를 깨트리셨고 죄의 세력과 마귀의 머리를 깨어버리셨습니다. 그리고 다시 인간의 육체로 부활하셔서 하나님의 보좌 우편에 앉으셨습니다. 거기서 예수님은 놀라운 일을 하시기 시작하셨습니다. 그것은 바로 죽은 자를 살리시는 일입니다.

2:1, "그는 허물과 죄로 죽었던 너희를 살리셨도다"

정상적인 상태에 있지 않는 사람은 지금 살아있지만 죽은 자와 마찬가지입니다. 예를 들어서 병원 중환자실에 누워있는 환자는 병에서 완전히 낫기 전까지는 사실 죽음의 세력이 그를 붙잡고 있는 것입니다. 그곳에서는 죽어서 영안실로 바로 가는 사람들이 수도 없이 많이 있습니다. 그래서 그가 조금씩 조금씩 나아져서 일반병실로 옮겨지고 퇴원해야 비로소 살았다고 말할 수 있을 것입니다.

예수님은 하나님의 보좌 우편에서 허물과 죄로 죽은 우리를 살리셨습니다. 보통 병원 중환자실에 있는 환자들은 병 때문에 거의 죽어 있습니다. 그러나 우리는 "허물과 죄"로 죽어 있습니다. 우리는 조현병이나 자살 충동, 대마초 중독이나 알코올 중독, 약물 중독으로 죽어 있는 것입니다. 그리고 조현병 환자나 대마초 중독자가 운전하고 다니는 것은 돌아다니는 살인자가 되는 것입니다. 그들은 자기만 죽은 것이 아니라 다른 사람들까지도 죽게 만듭니다. 그러나 더 큰 문제는 우리 안에 있는 기생충 같은 죄입니다. 죄는 이미 우리의 모든 생명력을 다 빨아 먹어서 껍데기만 남겨 놓았습니다. 그런데 예수님은 허물과 죄로 죽어 있는 우리를 살리셨습니다.

막달라 마리아는 일곱 귀신이 들렸던 여자였습니다. 귀신이 하나만 들어와도 발작을 일으킬 텐데 이 여자는 일곱 귀신이 들어와 있었습니다. 그러니까 막달라 마리아는 정신병이란 정신병은 다 걸려 있었던 것입니다. 발작중에서부터 시작해서 조현중, 우울증, 불면증, 분노조절장애, 자살충동 등등 막달라 마리아의 삶은 사는 것이 아니었습니다. 그는 죽기를 원하고 있었고 수도 없이 자살 충동을 느끼고 죽음을 향하여 달려가고 있습니다. 그런데 예수님을 만난 후 이 일곱 귀신이 다 사라지고 아주 멋진 여성이 되었습니다. 예수님은 죽음에서 부활하신 후 가장 먼저 막달라 마리아를 만나셨습니다.

그런데 유감스럽게도 모든 인간이 다 죽음을 향하여 돌진하고 있습니다. 우리는 예수님을 만나야 살 수 있습니다. 예수님은 하나님의 우편에 앉아계시는데 어디에 가서 예수님을 만날 수 있습니까? 바로 예수님의 몸이신 교회입니다. 예수님은 교회에 두 가지를 주셨습니다. 하나는 하나님의 말씀이고, 다른 하나는 성령입니다. 하나님의 말씀과 성령이 우리를 살리십니다.

2. 예전의 우리

강물이 아래로 흘러가면 생명이 없는 것들은 모두 다 아래로 떠내려가게 됩니다. 강물에는 나뭇가지나 죽은 동물이나 죽은 물고기도 떠내려가게 됩니다. 그러나 살아있는 물고기는 강물을 거슬러서 위로 올라갑니다.

우리는 가끔 예전에 예수님을 알지 못했을 때를 기억할 필요가 있습니다. 그것은 우리가 그동안 얼마나 변했는지 확인하기 위해서입니다.

2:2, "그 때에 너희는 그 가운데서 행하여 이 세상 풍조를 따르고 공중의 권세 잡은 자를 따랐으니 곧 지금 불순종의 아들들 가운데서 역사하는

영이라"

　여기 "그 때에"라는 것은 우리가 예수를 믿지 않을 때를 말합니다. 즉 에베소 교인들과 우리가 예수를 모르고 믿지 않았을 때입니다. 그때 우리는 "이 세상 풍조"를 따라 세상의 물이 흘러가는 대로 흘러갔던 것입니다. 그 대표적인 것이 술 마시고 음란하고 방탕한 것입니다. 사람이 술을 마시면 판단력이 흐려지기 때문에 충동대로 행동하게 됩니다. 그중에 첫 번째로 오는 것이 육체의 정욕입니다. 그리고 이성이 마비되었기 때문에 우상에 절하게 됩니다. 그리고 소리를 지르고 싸우게 됩니다. 그리고 세상의 성공을 향하여 달려가느라고 아첨도 하고 다른 사람을 적으로 만들기도 하고 거짓말에 속기도 하고 거짓말을 하기도 합니다. 그들에게 인생의 목표는 세상에서 성공하는 것입니다. 그래서 높은 자리에 올라가거나 부자가 되면 성공했다고 생각해서 교만한 태도를 취하게 됩니다. 그러나 그 결과는 허무한 것입니다.

　여기서 "공중의 권세를 잡았다"는 것은 실체가 없다는 것입니다. 마귀는 실체가 없습니다. 단지 사람들의 기분을 고조시켜서 자신의 그 귀한 인생을 아무 유익도 주지 않는 일에 허비하게 할 뿐입니다. 그러면 왜 하필 마귀를 "공중의 권세 잡은 자"라고 할까요? 이것은 사람들의 정신이나 영에 영향을 주기 때문입니다. 그런데 이 마귀가 불순종의 영 가운데 활동하고 있습니다. 거짓말로 사람들을 속이기도 하고 교회를 대적하고 진리를 대적하고 있는 것입니다. 이 공중의 권세 잡은 자를 이길 수 있는 비결은 다른 바람을 불게 하는 것입니다. 바로 성령의 바람이 부는 것입니다. 성령의 불바람이 불게 되면 마귀의 바람은 밀리게 됩니다.

3. 욕심을 따라 사는 사람들

　우리는 지금 거룩한 하나님의 백성이 되었습니다. 우상과 음행과 방탕한 생활을 버리고 거룩하신 하나님의 자녀로 살아가고 있습니다. 그런데 우리의 옛날 모습을 생각해보면 형편없는 마귀와 정욕의 자식이었던 것입니다. 우리는 생각하기도 부끄럽고 말하기도 부끄러운 생활을 하고 있었습니다.

> 2:3, "전에는 우리도 다 그 가운데서 우리 육체의 욕심을 따라 지내며 육체와 마음의 원하는 것을 하여 다른 이들과 같이 본질상 진노의 자녀이었더니"

　사도 바울이나 에베소 교인들이나 우리도 전에는 어떤 사람이었습니까? 우리가 예수 그리스도를 알기 전에는 어떤 생활을 했습니까? 믿지 않는 사람들과 다른 것이 없었고 그들과 함께 어울려 살았고 우리 육체의 욕심을 따라 살았습니다. "육체의 욕심을 따라" 지낸다는 것은 무엇입니까? 우리 인생에 가장 중요한 것이 우리 육체의 욕망을 채우는 것이었습니다. 그래서 무슨 수를 써서라도 돈을 많이 벌고 공부를 잘하고 세상에서 유명해지는 것이 우리가 사는 목적이었던 것입니다. 이때 우리는 이 세상에서 출세의 사닥다리를 한 칸이라도 더 올라가기 위해서 다른 사람들과 싸우고 경쟁을 했습니다. 이때 우리에게 가장 중요한 욕심은 돈이었고 돈만 많이 준다고 하면 얼마든지 양심을 팔 수 있었습니다.

　파우스트는 자기가 원하는 대로만 해주면 자기 영혼을 팔겠다고 악마와 약속을 합니다. 그가 가장 먼저 원했던 것은 학자로 유명해지는 것이었고, 그리고는 젊어지는 것이었습니다. 아마 지금도 연예인이나 정치인 중에서 유명해질 수만 있다면 얼마든지 자기 영혼을 팔

사람들이 있을 것입니다. 그러나 영혼이 없는 사람은 더 이상 사람이 아니라 좀비입니다.

사람들은 육체와 마음의 원하는 것은 다 해야 직성이 풀립니다. 그래서 하고 싶은 것은 다 해야 하고, 가지고 싶은 것은 다 가져야 하고, 올라가고 싶은 자리에는 올라가야 직성이 풀리는 것입니다. 그런데 하나님은 그들을 비웃으시며 가치가 하나도 없는 인간으로 생각하십니다. 왜냐하면 그들은 결국 그래봐야 마귀의 종이고 한평생 하나님을 대적하는 일만 하다가 망하기 때문입니다.

우리도 옛날에는 "본질상 진노의 자녀" 였습니다. 우리의 삶은 하나님을 화나게 하고, 하나님으로 하여금 진노하게 했고, 결국 심판받을 수밖에 없었습니다. 우리가 예수님을 알기 전에는 소망이 하나도 없었습니다. 우리에게는 이 세상의 정욕이 전부였습니다. 우리는 이 아까운 세상을 살면서 마귀의 종노릇만 실컷 하고 허송세월만 하다가 시간을 다 허비하고 만 것입니다. 우리에게 돌아오는 것은 아무것도 없었습니다. 결국 우리는 시간과 정력만 허비하고 만 것입니다. 그런데 예수님이 우리 눈을 뜨게 하셨습니다. 그리고 예수님께서 우리 정신이 돌아오게 하셨습니다. 예수님이 우리에게 가치 있는 것을 알게 하셨습니다. 그래서 우리는 세상의 많은 사람이 지금 살아가고 있는 모습을 부러워하거나 따라가면 안 되는 것입니다. 우리는 공중권세 잡은 자의 정욕의 종이 되면 안 됩니다. 우리는 육체와 마음의 충동대로 살아가면 안 됩니다. 우리는 하나님의 치료를 기다려야 하고 하나님의 손을 붙잡고 일어서야 합니다. 그리고 우리는 세상 사람들이 사는 헛된 인생을 거부해야 합니다.

우리는 이제 하나님의 진노에서 벗어났습니다. 하나님의 사랑이 우리를 살렸습니다. 이제 우리는 하나님의 사랑으로 살아야 합니다. 우리는 다른 사람을 변화시켜야 하며 새 인생을 살도록 도와주어야 합니다.

06

우리를 살리심

에베소서 2:5-10

병원에서 큰 수술을 받았을 때 수술을 잘 받아서 잘라낼 부분은 잘라내고 기워야 할 부분은 잘 깁는 것도 중요하지만, 가장 중요한 것은 환자가 마취에서 깨어나는 것입니다. 얼마 전에 어떤 환자는 그렇게 큰 수술이 아니었는데 수술받은 후 마취에서 깨어나지 않는 바람에 결국 뇌사상태에 빠지게 되었고 사망 선고를 받고 말았습니다. 정말 아까운 일이었습니다. 수술받는 환자는 반드시 마취에서 깨어나서 정신이 돌아와야 살 수 있습니다.

미국은 치료비가 비싸기로 유명합니다. 그 이유는 의료 보험에 가입한 사람과 가입하지 않은 사람 사이에 엄청난 의료비의 차이가 있기 때문입니다. 전에 어떤 사람은 교통사고가 나서 앰뷸런스를 타고 가다가 정신이 들었는데, 차를 세워서 내려달라고 했습니다. 앰뷸런스를 타고 가는 비용을 지불할 돈이 없었기 때문입니다. 미국은 의료 보험도 없이 몇 번 병원에 가서 치료를 받다가는 천만 원 넘게 치료비를 내야 하는 것은 예사라고 합니다. 전에 우리나라 대학생이 그랜드

캐니언에서 발을 잘못 디디는 바람에 밑으로 떨어져서 뼈도 부서지고 몸도 많이 찢어졌습니다. 그 학생을 미국에서 치료하면 수십억 원이 든다고 했습니다. 결국 그 학생은 응급 처치만 하고 비행기를 타고 한국에 와서 수술받고 살았습니다.

저희 아이는 어딘가 수술해야 했을 때 회사가 의료 보험을 들어주었습니다. 그래서 거의 돈을 내지 않다시피하고 수술을 잘 마쳤고 담당 의사는 반드시 때가 되면 전화를 걸어서 어떠냐고 물어봐 주고 또 수술한 곳의 성형 수술까지도 무료로 언제나 본인이 원하기만 하면 해주기로 되어 있다고 했습니다.

1. 그리스도와 함께 살리심

우리는 옛날에 허물과 죄로 죽어 있었습니다. 술과 마약과 섹스와 온갖 병으로 죽어 있었을 뿐 아니라 속사람도 암이나 에이즈, 간경화나 양심 경화로 죽어 있었습니다. 그런데도 불구하고 우리는 그것을 알지 못해서 세상 사람들이 살아가는 것을 열심히 따라갔습니다. 우리는 성공하려고 했고 돈만 벌려고 했고 세상에서 감투를 쓰려고 애를 썼던 것입니다. 그래서 우리는 육체의 욕심을 따라가고 마음과 육체의 좋지 않은 충동만 따라 살았던 것입니다. 우리는 인공호흡기만 제거하면 곧 숨이 끊어지고 영원히 지옥에 떨어질 수밖에 없는 버려진 사람들이었습니다.

그런데 하나님은 우리에게 엄청난 선물을 주시기로 결심하셨습니다. 그것은 우리에게 영생을 주시고 우리를 새 사람으로 만드시는 것이었습니다. 그래서 하나님은 우리를 십자가에 못 박히신 예수님과 연결시켜서 함께 치료하셨습니다. 우리 안에 썩은 피나 암 덩어리, 죽은 간이나 양심은 예수님에게로 다 보내고 예수님 안에 있는 살아 있는 피와 간과 양심을 우리에게 보내신 것입니다. 아마 이 치료받는 비용을 돈으로 환산하면 수억만 불을 줘도 안 될 것입니다. 그런데 하나님은 무료로 우리를 치료하셨습니다.

2:5, "허물로 죽은 우리를 그리스도와 함께 살리셨고 (너희는 은혜로 구원을 받은 것이라)"

하나님은 수많은 죄인 중에서 우리를 택하셔서 무료로 이 엄청난 수술을 하셔서 우리를 살리신 것입니다. 그런데 사람들에게는 참 이상한 특성이 있습니다. 그 하나는 하나님에게 붙들리면 죽는 것인 줄 안다는 것입니다. 하나님은 우리를 치료하시려고 붙드시는데, 우리는 그렇게 하나님의 손에 붙들리면 종교의 노예가 되어서 술과 담배도 못하고 영화도 보지 못하고 일요일에 놀러도 가지 못하고 꼼짝하지 못하고 붙잡혀 교회에만 다녀야 하는 줄 안다는 것입니다. 우리는 하나님의 수술을 받는 동안 정신을 잃고 있었습니다. 만일 우리 정신이 깨어나지 않는다면 우리는 식물인간이 되고 말 것입니다. 그러나 하나님은 우리를 깨어나게 하셨습니다.

2:6, "또 함께 일으키사 그리스도 예수 안에서 함께 하늘에 앉히시니"

하나님께서 우리를 일으키셨다는 것은 우리에게 정신이 돌아오게 하셨다는 뜻입니다. 우리가 하나님의 수술을 받는 동안 우리는 환란에 처해 있었습니다. 다른 사람들은 먹을 것이 없을 정도의 환란을 당하면 더 반항하고 술을 마시고 경련을 일으켜서 죽을 것입니다. 그런데 이상하게 우리에게는 하나님의 말씀이 쏙쏙 들어가는 것입니다. 이것이 바로 하나님의 피로 수혈이 되는 것입니다. 우리는 먹을 것이 없는 중에 하루하루를 살아갑니다. 이것이 바로 하나님의 능력입니다. 그래서 우리는 하루하루를 하나님의 일용할 양식으로 살아봐야 합니다. 그리고 우리 안에 썩은 것이나 암 덩이를 다 끄집어내었을 때 하나님은 우리 등을 밀어서 일어나 앉게 하셨습니다. 그때 우리는 정신이 들기 시작한 것입니다. 우리는 말도 하고 사람도 알아보는 의식이 완전히 돌아오게 되었습니다.

그리고 하나님은 우리를 그리스도와 함께 하늘에 앉히셨다고 하셨습니다. 그러나 우리는 한 번도 하늘 위에 앉은 적이 없고 구름 위에 앉았던 적도 없습니다. 그런데 우리가 다시 정신을 차린 순간 우리는 예수님과 하나님의 나라 안에 앉아 있는 것입니다. 쉽게 말해서 하나님 나라로 가는 비행기 좌석에 앉아 있는 것입니다. 그때 예수님은 우리에게 "환란 당하는 동안 고생을 많이 했지? 지금은 기분이 좀 어떠냐?"라고 물으시는 것입니다.

우리 교회에 뇌수술을 받고 나은 자매가 있습니다. 사실은 그 자매는 여러 번 죽을 뻔 했는데 어머니가 애를 많이 썼습니다. 그리고 저에게도 엄청나게 기도를 부탁했습니다. 그런데 그 자매는 살아났습니다. 그래서 매주 걸어서 교회에 예배를 보러 옵니다. 저는 그 자매에게 요즘 기분은 좀 어떤지 자주 물어봅니다. 그러면 그때마다 "기분이 아주 좋아요"라고 대답합니다. 저는 마음속으로 하나님이 이 자매를 완전히 고쳐주실 것이라는 생각이 듭니다. 왜냐하면 몸이 불편한데도 기분이 아주 좋을 수는 없기 때문입니다.

우리는 지금 하나님의 나라 안에 앉아 있습니다. 우리는 이 세상에 있는 집이나 병원이나 학교에 앉아 있지만 사실은 하나님의 나라에 앉아 있는 것입니다. 그러면 왜 우리는 앉아 있기만 할까요? 일어나서 마구 달리면 안 될까요? 그러나 아직 우리의 건강 상태가 그런 단계가 아닙니다.

저희 교회에 어느 의사 선생님이 계셨는데 그분은 자전거 타는 것을 아주 좋아하셨습니다. 어느 날 그분은 자전거를 타고 속력을 내어서 달렸는데 앉아서 쉬다가 돌아가셨습니다. 그 이유는 그의 심장이 좋지 못했기 때문입니다. 또 한 분은 자전거 대회까지 나갔던 분이신데 투르 드 프랑스 대회에 나가시려고 훈련한다고 달리시다가 넘어지셨는데 돌아가셨습니다. 그분도 심장이 좋지 못하셨던 것입니다. 그래서 심장이 좋지 못하신 분은 자전거를 타거나 달리기나 등산을 하지 않는 것이 좋습니다.

우리는 아직 예수님 옆에 앉아 있을 정도의 건강밖에 되지 못합니다. 예수님도 앉아계시니까 우리도 앉아 있는 것이 맞습니다. 중요한 것은 우리가 살아났고 수술이 성공했다는 것입니다. 나중에 예수님이 달리라고 하실 때 달리면 되는 것입니다.

2. 하나님이 우리를 만드심

하나님은 허물과 죄로 죽은 우리를 다시 살리셨지만 사실은 우리를 완전히 다시 만드신 것입니다.

한번은 우리 교회에 파키스탄 자매가 왔습니다. 그 자매는 교회에 나간다고 식구들이 얼굴에 산을 부어서 한쪽 눈이 완전히 실명하고 온 얼굴에 화상을 입었습니다. 죽게 된 이 자매를 한 선교사가 빼돌려서 한국에 데리고 와서 우리 교회 게스트하우스에서 생활하게 하면서 병원에서 화상 치료를 받도록 해주었습니다. 그런데 어떤 교인이 파키스탄 사람같이 생긴 사람이 평일 저희 교회 계단에 올라가는 것을 보고 알려주었는데, 아마 그 남편이 이 부인을 잡으려고 우리 교회까지 와서 찾는 것 같았습니다. 아마 잡혔으면 붙들려가서 죽었을 것입니다. 아마 그 남편도 게스트하우스가 따로 있는 줄은 몰랐던 것 같습니다. 어려운 고비를 넘기고 나중에 이 자매는 화상 치료를 잘 받아 상당히 좋아졌는데 아주 아름다운 자매였습니다.

이처럼 하나님께서는 단순히 죽어가던 우리를 살리기만 한 것이 아니라 거의 새로 만들다시피 했습니다. 왜냐하면 우리의 영혼도 새 영혼이고, 우리의 양심도 새 양심이고, 우리 안에는 예수님의 생명이 흐르고 있기 때문입니다.

2:10, "우리는 그가 만드신 바라"

하나님은 우리를 완전히 새로 만드셨습니다. 단지 우리 인간의 모습은 옛날 모습 그대로입니다. 그러나 이제는 술도 마시지 않고 담배도 피우지 않고 도박도 하지 않고 혈기도 부리지 않고 우리는 예배를 즐깁니다. 우리는 예배를 억지로 마지못해서 드리는 것이 아니라 하나님의 말씀과 찬양도 엔조이하고 기도도 엔조이하면서 기도를 하는 것입니다. 우리는 예배를 드리면서 마치 공중을 날아가는 것처럼 드립니다.

우리는 하나님이 새로 만드신 사람이기 때문에 늘 자신이 새 사람이라는 사실을 잊어서는 안 됩니다. 이 세상 사람들은 날이 갈수록 시들어가고 썩어가지만 우리는 모든 것이 신기하고 새로운 것입니다. 우리는 껍데기만 옛날 사람의 모습을 가지고 있지 속에 있는 것은 전부 새 사람입니다. 이것을 자동차로 비유한다면 자동차 껍데기는 50년대나 60년대 포드식이지만 안에 든 엔진이나 부속들은 전부 최신제품인 것입니다.

3. 우리가 주의해야 할 것

하나님은 죽어가는 우리를 살리셨기 때문에 우리가 주의해야 할 것이 있습니다. 그것은 우선 우리가 자신을 자랑하지 않는다는 것입니다. 우리가 하나님을 자랑하고 예수님을 자랑하는 것은 잘하는 것입니다. 그러나 죽어가던 내 자신을 자랑하는 것은 굉장히 나쁜 것입니다.

> 2:7-8, "이는 그리스도 예수 안에서 우리에게 자비하심으로써 그 은혜의 지극히 풍성함을 오는 여러 세대에 나타내려 하심이라 너희는 그 은혜에 의하여 믿음으로 말미암아 구원을 받았으니 이것은 너희에게서 난 것이 아니요 하나님의 선물이라"

우리가 죄의 줄에 칭칭 매여서 죽어가고 있을 때 하나님이 우리를 건지셔서 그 줄을 다 풀어주시고 다친 곳은 치료하셔서 얼마든지 살아갈 수 있게 만드셨기 때문에 우리는 우리 스스로를 자랑할 수 없습니다. 왜냐하면 우리가 자신을 자랑하는 것은 죽어가는 자신을 자랑하는 것밖에 되지 않기 때문입니다. 또 심장병에 걸린 어린이가 미국 대통령 전용기를 타고 미국에 가서 심장 수술을 받아서 나았다면 미국 대통령을 자랑하고 그 비행기를 자랑하는 것은 되지만 심장병으로 죽어가던 자기를 자랑할 것은 못 되는 것입니다.

"너희는 그 은혜에 의하여 믿음으로 말미암아 구원을 받았다"고 했습니다. 여기서 "믿음"은 우리가 하나님의 은혜를 거부하지 않고 동의하고 받아들인 것을 의미합니다. 그리고 이 믿음도 우리가 원래 하나님을 믿은 것은 아니고 하나님이 선물로 주신 것입니다. 그래서 하나님께서 믿음을 주시지 않으면 아무리 믿으려고 해도 믿음이 생기지 않습니다.

> 2:9, "행위에서 난 것이 아니니 이는 누구든지 자랑하지 못하게 함이라"

여기서 "행위"라는 것은 우리가 이 세상에서 성공했거나 노력을 많이 했거나 공을 들인 것을 말합니다. 우리가 구원받은 것에 우리 자신의 공로는 1퍼센트도 포함되어 있지 않습니다. 오직 하나님이 우리를 보시고 불쌍히 여기신 것밖에 없습니다. 그런데 인간에게는 자랑하고 싶은 마음이 있습니다. 사람은 이 세상에서 자랑하는 마음으로 산다고 말할 수 있습니다. 그런데 하나님은 구원받은 우리에게 하나님만 자랑하지 자기를 자랑하지 말라고 하셨습니다. 왜냐하면 우리는 죽어가던 병든 사람이었기 때문입니다.

그래서 우리는 과거의 모습은 완전히 땅에 파묻어버리고 오직 하나님만 자랑해야 하는데 사람들은 여기에 실패하기 때문에 구원을 받지 못하는 것입니다. 그러므로 하나님만 자랑하는 방법은 죽으라고 성경을 읽고 성경 이야기만 하는 길밖에 없습니다. 그렇지 않으면 인간은 저절로 자기 자랑이 나오게 되어 있는 존재입니다.

2:10, "우리는 그가 만드신 바라 그리스도 예수 안에서 선한 일을 위하여 지으심을 받은 자니 이 일은 하나님이 전에 예비하사 우리로 그 가운데서 행하게 하려 하심이니라"

하나님이 우리를 살리신 것은 "그리스도 예수 안에서 선한 일을 하도록 하기 위해서"라고 했습니다. 여기서 "선한 일"은 착한 일도 포함되지만 하나님의 뜻에 딱 맞는 행동을 말합니다. 우리가 하는 행동 하나하나에 대하여 하나님의 선한 뜻이 있습니다. 예를 들어서 양궁 선수는 과녁 한가운데 화살을 꽂는 것이 목적이듯이 하나님은 우리에게 원하시는 목적이 있습니다. 다른 사람들이 화를 나게 할 때 잘 참는다든지 혹은 어려움에 빠진 사람을 건진다든지 아니면 낙심한 자를 위로한다든지 하는 목적이 있는 것입니다. 이것을 위하여 하나님은 우리를 예비하셨고 그 계획을 준비하신 것입니다.

우리 각자에게는 하나님이 기뻐하시는 뜻이 있습니다. 이것을 정확하게 이루어드리는 것이 선을 행하는 것입니다. 우리의 숙제는 자기 자랑을 하지 않는 것과 하나님의 정확한 뜻을 이루어드리는 것입니다. 그래서 우리를 살리신 하나님께서 후회하시지 않도록 선한 일을 행하시기 바랍니다.

07

천국 시민권

에베소서 2:11-13

최근에 우리나라에 유학을 오거나 관광을 온 외국 청년들은 우리나라가 정말 살기 좋은 곳이라고 말을 합니다. 그들이 우리나라의 장점으로 이야기를 하는 것은 일단 치안이 좋아서 밤늦게라도 얼마든지 시내를 돌아다닐 수 있다는 것입니다. 그리고 우리나라에서는 와이파이가 어디서든지 잘 터지기 때문에 통신하기에 아주 좋다고 합니다. 그리고 배달문화가 잘 되어 있어서 어떤 곳에서도 음식을 배달해 주기 때문에 아주 좋다고 합니다.

만약 어떤 나라가 좋다고 해서 그 나라에 살려고 하면 그 나라 시민권이 있어야 합니다. 시민권이 없으면 불법체류자가 되어서 그 나라에 오래 있을 수 없습니다. 어떤 가수는 미국 시민권을 받았는데 군대에 가지 않으려고 한국 시민권을 포기했다가 우리나라에 아예 들어오지 못하고 있습니다. 그는 노래도 잘 부르고 춤도 잘 추었지만 우리나라 시민권을 이용해서 돈만 벌려고 하고 의무는 이행하지 않으려고 했기 때문에 나라에서 비자를 내주지 않는 것입니다.

요즘도 멕시코와 미국의 국경 사이에는 불법으로라도 미국에 들어와서 일자리를 찾으려고 하는 멕시코 사람들과 국경 수비대 사이의 신경전이 치열합니다. 미국은 멕시코와 미국 사이에 커다란 장벽을 세워서 불법 이민자들이 들어오지 못하게 했습니다. 그래도 미국으로 들어오면 국경 수비대가 귀신같이 알아내어서 헬기나 트럭을 타고 가서 모두 잡아서 불법체류자 시설에 감금시켰다가 도로 멕시코로 보내 버립니다.

우리나라 어떤 부부는 미국에서 불법 체류하면서 아들을 공부시켰습니다. 이 아들은 공부를 잘해서 하버드를 우등생으로 졸업하고 영국 옥스퍼드 대학에 유학하는 로즈 장학금까지 받았습니다. 그런데 그 학생은 미국 시민권이 없었기 때문에 일단 미국을 떠나면 다시 들어올 수 없었습니다. 그 학생은 일단 영국 옥스퍼드에 가서 대통령에게 여러 번 편지를 보내었지만 끝내 거절당했습니다. 이만큼 시민권은 중요한 것입니다. 시민권이 없으면 그 나라를 마음대로 출입을 할 수 없고 그 나라가 주는 혜택을 받을 수 없습니다. 그리고 불법체류자는 언제 어디서나 체포될 수 있고 추방당하게 됩니다.

우리가 예수님을 믿기 전에는 하나님 나라의 시민권이 없었습니다. 그래서 그런 사람이 교회에 다닌다 하더라도 그는 불법 체류자입니다. 그들은 하나님 나라에 들어갈 수 있는 권리가 없습니다. 오히려 그들은 천국의 입구에서 입국을 거절당해서 지옥으로 떨어질 수밖에 없습니다. 왜냐하면 그들은 지옥의 시민권을 가지고 있기 때문입니다. 그들은 영원히 지옥의 불구덩이를 벗어날 수 없습니다.

1. 천국의 스탬프

우리가 지금은 천국을 볼 수 없습니다. 천국은 두 가지 성격을 가지고 있기 때문입니다. 하나는 지금 우리에게 보이는 우주 뒤에 천국이 있기 때문입니다. 지금 우리가 보는 하늘 뒤에 바로 천국이 있습니다. 물론 천국에서는 세상이 보일 것입니다. 그리고 또 하나는 천국은 이 세상에 공기나 이슬비같이 임하고 있기 때문입니다. 그래서 우리는 천국을 손으로 잡을 수 없고 눈으로 볼 수도 없습니다. 그러나 우리는 느낄 수는 있습니다. 예수님은 성령을 바람이라고 말씀하셨습니다. 그리고 하나님의 나라가 충만히 임한다고 말씀하셨습니다.

그러나 구약시대에는 하나님의 나라가 이스라엘에만 임했습니다. 그래서 이스라엘 백성은 이스라엘 사람들에게 천국 백성이라는 표시를 주었습니다. 그것이 바로 할례였습니다. 할례는 천국 백성이라는 입국 도장과 같은 것이었습니다. 그러나 이스라엘 백성이고 할례를 받았다고 해서 다 착한 것은 아니었습니다. 이스라엘 백성 중에서도 우상숭배자가 있었고 간음하는 자나 근친상간하는 자들이 있었습니다. 이들은 모두 하나님 나라의 국적을 포기한 자들이었습니다. 물론 그들이 할례받은 것은 지울 수 없지만 자신의 말이나 행동으로 얼마든지 하나님 나라의 국적을 포기할 수 있었습니다. 그런데 예수님이 이 세상에 오셔서 십자가에 죽으신 후에는 온 세상에 하나님의 나라가 임하게 되었습니다.

> 2:11, "그러므로 생각하라 너희는 그 때에 육체로는 이방인이요 손으로 육체에 행한 할례를 받은 무리라 칭하는 자들로부터 할례를 받지 않은 무리라 칭함을 받는 자들이라"

지금 사도 바울은 에베소 교인들에게 말하고 있습니다. 즉 에베소 교인들에게 성령이 임하고 부흥이 임해서 그들의 옷은 천국의 이슬로 흠뻑 젖어 있었습니다. 그들에게는 하나님의 나라가 충만하게 임했습니다. 그러나 옛날에 에베소 교인들은 비가 전혀 오지 않는 사막에 살고 있었습니다. 옛날 이 세상에서 하나님 나라의 시민권을 가진 자들은 이스라엘 백성 즉 할례받은 자들밖에 없었습니다. 이방인들이 아무리 율법을 배우고 회당 예배에 참여한다 하더라도 그들은 하나님의 나라에는 불법체류자들이고 난민들이었습니다.

옛날 우리들은 하나님 나라의 이슬이 전혀 내리지 않는 사막에서 살았습니다. 우리는 항상 영양실조였고 마음은 완악하고 저주받은 사람들이었습니다. 우리는 하나님 나라의 축복을 전혀 몰랐습니다. 그런데 예수님이 이 세상에 오셨을 때는 이스라엘 백성도 하나님 나라의 국적을 오래전에 포기하고 우상숭배에 빠졌기 때문에 하나님의 나라가 임하지 않았습니다. 그들은 하나님 나라의 도장을 받아가지고 있었지만 하나님의 나라가 임하지 않아서 그 땅에 병자들과 귀신들린 자들과 가난한 자들이 많았습니다. 그러나 예수님이 오셔서 복음을 전하시면서 장애인들이 치료를 받고 병자들이 치료되고 사람들이 가난에서 벗어나기 시작했습니다. 하나님의 나라가 이슬같이 공기같이 그들에게 임하고 있었기 때문입니다.

그런데 에베소 교인들은 이방인인데도 하나님의 나라가 큰비같이 임하고 있습니다. 처음 사도 바울이 에베소에 갔을 때 에베소 사람 중에 하나님을 믿는 사람들이 있기는 있었습니다. 그런데 사도 바울이 보기에는 그들이 아무래도 너무나도 은혜에 굶주려 있을 뿐 아니라 그것을 모르고 있었습니다. 그래서 사도 바울이 에베소 교인들에게 "너희가 믿을 때에 성령을 받았느냐?"(행 19:2)고 물으니까 그들은 성령이 무엇인지 모른다고 했습니다. 자기들은 세례 요한의 세례밖에 받지 못했다고 했습니다. 그래서 사도 바울이 그들에게 예수님의 이름으로 세례를 베풀고 안수를 하자 그들에게 성령이 임했습니다. 그리고 에베소에 부흥이 임하는데 얼마나 강한 성령이 임하는지 사람들이 모두 우상을 버리고 마술사들은 마술책을 불 질러 버렸습니다. 그들은 하나님 나라의 은혜를 충만히 받고 있었습니다. 그들 주위는 온통 푸른 풀밭이고 포도원이고 무화과 열매들이었고 더 이상 사막이 아니었습니다.

지금 우리는 꽃밭으로 만족해서는 안 되고 이곳을 열매 맺는 나무가 있는 동산으로 만들어야 합니다. 어떤 분은 기업을 하면서 무슨 가치가 있는 일이 없을까 생각하다가 황무한 산을 구입해서 수십년 간에 걸쳐서 수십만 그루의 나무를 심었다고 합니다. 지금은 그곳이 아주 울창한 숲이 되어 있고 희귀한 나무들도 많이 있는 동산이 되었습니다.

우리에게 지금 하나님의 나라가 소낙비같이 임하고 있습니다. 우리는 여기에 영혼들로 울창한 숲을 만들어야 합니다. 우리도 옛날에는 사막에만 살았습니다. 그래서 술이나 마시고 담배나 피우고 시간이 나면 화투나 했지만 이제는 영혼을 심어야 합니다.

2. 그리스도 밖의 사람들

우리 인간에게 가장 중요한 것은 하나님을 만나는 것입니다. 우리는 하나님께 나아가야 진정한 나 자신을 찾을 수 있습니다. 우리가 만일 하나님께 나아가지 않는다면 영원히 자기 자신을 찾지 못하는 치매 환자나 정신이상자가 되고 말 것입니다. 정신이상자는 자기감정이 통제되지 않습니다. 그래서 아무것도 아닌 일에 화가 폭발해서 소리를 지르고 다른 사람을 공격합니다. 또 치매 환자는 자기가 누구인지 알지 못합니다.

인간이 달나라나 우주에 가려고 하면 반드시 우주선을 타야 하는 것처럼 우리가 하나님 앞에 나아가려고 하면 예수님 안에 있어야 합니다. 다윗은 하나님은 나의 반석이라고 고백하고 있습니다(시 18:2, 19:14, 28:1). 아무리 세상에 큰 홍수가 나더라도 반석 위에 있으면 떠내려가지 않고 아무리 태양이 뜨거워도 반석 안에 있으면 화상을 입지 않습니다. 마귀가 아무리 창으로 찔러도 우리는 안전하며 죽음이 삼키려 해도 우리는 안전합니다. 우리는 예수 그리스도 안에서 살아가고 있습니다. 그 증거가 예수님이 매일 우리에게 일용할 양식을 주시고 우리가 돈으로 살지 않고 하나님의 말씀으로 사는 것입니다. 그리고 우리가 기도하고 말씀에 충만하면 부흥이 일어나고 기적이 일어납니다.

그런데 우리가 예수 믿기 전에는 이런 반석의 비밀을 몰랐습니다. 우리는 그리스도 밖에 있었기 때문에 자기가 누구인지 몰랐습니다. 우리는 이스라엘 나라 밖의 사람이었습니다.

2:12, "그 때에 너희는 그리스도 밖에 있었고 이스라엘 나라 밖의 사람이라 약속의 언약들에 대하여는 외인이요 세상에서 소망이 없고 하나님도 없는 자이더니"

'이스라엘'은 천사와 씨름해서 이긴 야곱의 새 이름입니다. 우리도 옛날에는 이 세상에서 부정한 방법이나 나쁜 방법도 썼습니다. 그러나 이제는 기도해서 하나님을 이긴 사람들입니다. 자기 딸이 귀신들린 이방 여인은 예수님이 자녀의 떡을 개에게 줄 수 없다고 하시면서 딸의 병을 고쳐줄 수 없다고 하셨을 때 "개들도 주인의 상에서 떨어지는 부스러기는 먹습니다"라고 해서 예수님을 감동시켰습니다. 그는 예수님을 이긴 여자였던 것입니다. 12년 동안 혈루병에 걸린 여자는 예수님의 허락도 받지 않고 예수님의 옷을 만졌는데 혈루병이 나아버렸습니다. 그 여자도 예수님을 이긴 여자였던 것입니다. 예수님은 이 세상에 이기려고 오신 것이 아닙니다. 예수님은 지시려고 오신 것입니다. 그래서 우리가 끈질기게 기도하면 예수님을 이기게 되어 있습니다. 그 사람들이 모두 다 이스라엘인 것입니다.

옛날에 우리는 하나님의 약속을 알지 못했습니다. 성경에는 많은 비밀이 있습니다. 예를 들어서 우리가 하나님의 말씀을 먹으면 굶어 죽지 않습니다. 즉 일용할 양식이 공급되는 것입니다. 우리가 모이면 성전이 됩니다. 우리가 모여서 예배드릴 때 예수님이 우리 가운데 임하시면서 기적이 일어나게 됩니다. 그러나 주의해야 합니다. 우리는 겸손해야 합니다. 교만하고 잘난 자들의 모임에는 주님이 오시지 않습니다. 그리고 우리는 죽어도 살게 됩니다. 우리는 영원히 죽지 않는 사람으로 살게 됩니다. 이것이 모두 다 약속인 것입니다. 우리는 모두 어마어마한 하나님의 재산을 상속받게 됩니다.

우리에게는 하나님이 계십니다. 하나님은 우리 상한 마음을 치료하십니다. 하나님은 우리로 하여금 고난을 이기게 하시고 적을 이기게 하십니다. 하나님은 우리에게 아름답게 살길을 열어주십니다. 하나님은 우리에게 모든 복을 다 주십니다.

3. 그리스도의 피로 가까워짐

가끔 기차표를 사거나 혹은 입장권을 사려고 할 때 사람들이 많이 오면 줄을 길게 서게 됩니다. 처음 코로나가 우리 지방에 왔을 때 집마다 마스크가 없었습니다. 그래서 우체국에서 마스크를 판다는 소식을 듣고 줄을 서는데 그 줄이 얼마나 긴지 정말 끝없이 이어지고 있었습니다. 그런데 우리 교회에서는 집사님 한 분이 미리 수만 장의 마스크를 전도용으로 사서 기증하시는 바람에 길게 줄을 설 필요가 없었습니다. 그런데 줄을 길게 서게 되었을 때 어떤 특권이 있는 사람은 바로 맨 앞에 가서 표를 살 수 있을 것입니다. 서울의 유명한 의사에게 진찰을 받으려면 6개월을 기다려야 하는 경우도 있습니다. 그래서 환자 중에는 그 유명한 의사의 진료를 기다리다가 죽는 경우도 더러 있다고 합니다. 그런데 환자가 그 의사를 아주 잘 아는 사람이라면 의사가 새벽에 나와서 미리 수술하는 경우도 있습니다. 특히 빨리 수술해야지 나을 수 있는 암환자 같은 경우에는 기다릴 여유가 없습니다.

그런데 우리가 예수님의 피를 가지고 있으면 언제나 우선순위가 1번입니다. 우리는 하나님으로부터 최우선적으로 진찰을 받고 치료를 받을 수 있고 응답을 받을 수 있는 것입니다. 그래서 시편에 보면 새벽에 하나님이 도우신다고 했습니다(시 46:5). 이것은 하나님이 우리 문제를 제일 먼저 해결해주신다는 약속인 것입니다. 우리가 예수 믿기 전에는 순서가 끝이었습니다. 그러나 예수님의 피를 가지고 있으면 순서가 좀 가까워지는 것이 아니라 순서가 당겨져서 언제나 1번이라는 것입니다.

2:13, " 이제는 전에 멀리 있던 너희가 그리스도 예수 안에서 그리스도의 피로 가까워졌느니라"

우리는 두 가지 면에서 가까워지게 되었습니다. 우리는 하나님께 가까워지게 되었고, 유대인들과도 가까워지게 되었습니다. 하나님의 은혜에 있어서 유대인들은 언제나 1번이었습니다. 그런데 이제는 우리도 1번이 되었습니다. 그런데 에베소 교회에는 두 종류의 교인이 있게 되었습니다. 유대인 교인과 이방인 교인이 생기게 된 것입니다. 그런데 이 두 부류의 교인들은 친하지 않았습니다. 언제나 서로 판단하고 비방하고 싫어하고 있었습니다. 그러나 서로 가까워진 하나님의 백성끼리는 서로 판단하고 비난하면 안 됩니다.

우리 교회에 중국인 자매도 있는데 우리는 아주 가깝습니다. 이야기를 해도 조금도 이상하지 않습니다. 예전에 있던 아르메니아 자매는 찬양대도 함께하고 집사님까지 되었습니다. 그런데 길에서 전도를 해보면 이슬람은 절대로 전도지를 받으려고 하지 않는 것을 볼 수 있습니다. 이슬람은 아직까지 십자군 전쟁의 상처가 남아있는 것 같습니다.

그런데 제가 이해 안 되는 것은 우리나라 사람들끼리 엄청나게 싸운다는 것입니다. 이념이 다르고 사상이 다르다고 해서 국회나 거리에서나 얼마나 싸우는지 모릅니다. 그래서 꽃밭과 같던 우리나라가 사막으로 다시 변하고 있습니다. 성령의 비가 주룩주룩 내려서 이런 못된 가라지를 다 뽑아버리고 다시 하나님의 나라가 올 수 있기를 바랍니다.

08

교회의 신비

에베소서 2:14-22

아주 단단하게 지어서 빈틈이 없는 집은 바람이 부나 비가 오나 안전하지만 지붕이 뚫려 있거나 벽이 깨져 있는 집이라면 바람이 엄청나게 들어오고 비도 새고 해서 살기에 아주 불편할 것입니다. 일본에 가면 금각사, 은각사가 있는데 벽이 모두 얇은 금판이나 은판으로 되어 있어서 무지무지하게 비싼 건물입니다. 그렇다고 해서 그 건물 자체가 무슨 능력을 가지고 있는 것은 아닙니다.

그런데 이 세상에 희한한 능력을 가지고 있는 집이 있습니다. 그 집은 사람으로 이루어진 성전입니다. 이 성전에는 하나님이 임재하시기 때문에 병이 낫기도 하고 기적이 일어나기도 하고 기도가 응답되기도 합니다.

우리나라 사람 중에 교회에 실망해서 교회를 가지 않는 사람이 많이 있습니다. 교회에 가 봐야 헌금을 내라는 이야기나 하고 또 교인들은 자기만 잘난 체하고 또 편을 나누어 싸우기 때문에 배울 것이 하나도 없다는 것입니다. 그래서 최근에는 교회에 나가지 않는 사람들이 많아지게 되었습니다. 저도 사실 옛날 청년시절에 교회에 실망을 많이 했었습니다. 교회는 실망스러웠고 거기에서는 어떤 비전이나 가치도 발견할 수 없었습니다. 그래서 저는 가정에서 열 명쯤 모여서 몇 년간 예배를 드렸습니다.

그러나 에베소서를 연구하면서 교회에 대한 제 생각이 변하게 되었습니다. 우리 한 사람 한 사람도 성전이지만 교회는 더 큰 하나님의 성전입니다. 만일 교회가 서로 싸우지 않고 사랑으로 하나 되고 그 안에 하나님의 말씀으로 채워지면 교회는 기적의 공동체로 변하게 됩니다. 교회는 우리가 생각하는 것보다 훨씬 더 신비로운 집단입니다. 사람도 한 사람이 있는 것과 두 사람이 있는 것이 다르고 수많은 군중이 있는 것이 다릅니다. 사람도 수만 명 모이면 만들지 못할 것이 없습니다. 마찬가지로 교회가 서로 싸우지 않고 하나님의 말씀으로 연합될 때 기도가 응답되면서 기적이 일어나게 됩니다.

1. 사람 사이에 갈라진 틈

예를 들어서 바위 표면이 울퉁불퉁하고 또 나무 표면이 삐죽삐죽하다면 아무리 서로 연결시키려 해도 잘 연결되지 않을 것입니다. 그런데 기술자가 바위를 깎아서 모서리나 면들이 서로 딱 맞게 하고 나무도 대패질을 잘 해서 나무끼리 딱 맞으면 물이 한 방울도 새어나가지 않고 고이게 될 것입니다. 마찬가지로 유리병도 깨어져 있으면 그 깨어진 유리조각으로 할 수 있는 것은 아무것도 없습니다. 잘못하면 아이들이 맨발로 유리를 밟아서 발이 베이게 될 것입니다.

마찬가지로 사람들은 다 개성의 차이가 있어서 모서리가 다 삐죽삐죽하고 울퉁불퉁해서 거기에 아무리 물을 부어도 물이 차지 않습니다. 그리고 사람들은 틈만 나면 서로 싸우려고 하는데 왜 그렇게 싸우려고 하는지 이해되지 않을 때가 많습니다. 아마도 이것이 인간의 본성인 것 같습니다. 사람들은 전부 자기가 최고가 되어야 직성이 풀리는 것 같고 자기보다 좀 우수하거나 자기와 좀 다른 사람들과는 싸우고 싶은 마음이 드는 것 같습니다. 그래서 서로 끊임없이 싸우고 서로의 차이를 드러내야 똑똑하다고 생각합니다.

그런데 이 세상에서 가장 다른 부분이 많은 사람이 유대인들이었습니다. 유대인들은 너무나도 독특한 기질과 법을 가지고 있어서 절대로 다른 나라 사람들과는 맞지 않았습니다. 그래서 그들은 자기들을 제외한 모든 민족을 이방인이라고 불렀습니다.

그런데 드디어 평화의 기술자가 나타나셨습니다. 이분이 바로 하나님의 아들이십니다. 예수님께서는 오셔서 유대인들의 울퉁불퉁한 부분들을 미세한 그라인더로 갈아서 매끈하게 하셨습니다. 그리고 또 이방인들도 깨어지고 부서진 부분들을 갈고 때우고 하셔서 아주 반듯하게 만드셨습니다. 그러고 나서 예수님께서는 유대인들과 이방인들을 서로 대어보셨습니다. 그랬더니 모든 것이 딱 맞아서 빈틈이 없었습니다. 예수님이 거기에 물을 부으셨더니 한 방울도 새지 않는 완전한 하나가 되었습니다.

> 2:14, "그는 우리의 화평이신지라 둘로 하나를 만드사 원수 된 것 곧 중간에 막힌 담을 자기 육체로 허시고"

우리 모든 인간은 미쳐서 서로 싸우고 있었습니다. 머리와 손이 싸우고 발과 머리가 싸우고 일본 사람과 중국 사람이 싸우고 한국 사람끼리 싸우고 흑인과 백인이 싸우고 온 세상이 온통 싸움투성이였습니다. 그러나 예수님은 평화의 기술자였습니다. 예수님은 인간의 모든 울퉁불퉁하고 삐죽삐죽한 부분을 전부 하나님의 사랑으로 갈아서 하나 되게 하셨습니다.

그런데 우리 인간은 삐죽삐죽할 뿐만 아니라 중간에 큰 담이 있어서 하나 될 수 없었습니다. 그런데 예수님은 그 단단한 담을 부수어버려서 막힌 것이 없어지게 하셨습니다. 그래도 인간은 자꾸 갈라지려고 하고 부서지려고 하는 것을 예수님은 자기 육체로 막으셔서 멋진 집처럼 되게 하셨습니다.

우리가 깨어진 유리 조각으로는 아무것도 할 수 없지만 이것을 잘 모아서 병으로 만들면 그 안에 물을 담을 수 있고 기름을 담을 수 있습니다. 또 그 안에 보물을 담을 수도 있습니다. 교회는 보화를 담은 질그릇과 같습니다. 겉으로 보기에는 별것 아닌 것 같지만 그 안에는 어마어마한 보물이 들어있습니다. 우리가 깨어진 유리 조각으로 있을 때는 남을 베게 하거나 아무 쓸데가 없지만 붙여서 하나 되면 기름병이나 물병이 될 수 있습니다.

이와 마찬가지로 우리가 겸손해지고 사랑으로 하나 될 때 우리는 어마어마한 보물로 변하게 됩니다. 교회가 가진 신비가 바로 여기에 있습니다. 전부 자기가 잘났다 하고 큰소리를 칠 때는 깨어진 유리 조각에 불과하지만 부족한 줄 알고 서로 사랑으로 연합할 때 신비로운 집이 됩니다.

2:15, "법조문으로 된 계명의 율법을 폐하셨으니 이는 이 둘로 자기 안에서 한 새 사람을 지어 화평하게 하시고"

여기 "법조문"이라는 것은 '율법'을 말합니다. 율법은 사람 사이의 차이만 말하지 실제로 하나로 만들지 못합니다. 그러나 예수님의 십자가는 실제적인 것이었습니다. 예수님은 가로막고 있는 것을 부수어버리고 삐죽삐죽한 것을 갈아버려서 새로운 한 사람으로 만드셨습니다.

그래서 우리는 사도 바울을 볼 때 유대인이라는 생각이 들지 않습니다. 또 사도 바울도 에베소 사람들이나 우리를 볼 때 이방인으로 보이지 않을 것입니다. 우리는 모두 딱 들어맞는 한 사람인 것입니다.

교회라는 것은 우리가 단순히 생각하는 인간의 모임이 아닙니다. 교회는 어마어마한 깊이와 너비를 가지고 있는 성령의 집입니다. 우리가 겸손하면 할수록 기적이 더 많이 일어납니다.

몇 년 전에 우리나라 서해안에 유조선이 바지선과 충돌하면서 기름이 흘러나와서 온 바다를 오염시켰습니다. 그때 우리나라 사람들은 높은 사람, 낮은 사람 할 것 없이 모두 바닷가로 가서 기름을 다 닦아 내었는데 얼마 되지 않아 바다는 다시 살아나게 되었습니다. 이것이 바로 기적입니다. 죄는 온 세상을 오염시키는 더러운 기름입니다. 그런데 예수님이 그것을 다 닦으셨습니다. 조금 남아있는 것은 우리가 닦으면 됩니다. 그러면 아름다운 바다가 다시 살아나고 물고기가 사는 곳이 될 것입니다.

2. 멀고 가까운 사람들

우리는 아무래도 멀리 있는 사람들과는 별로 친하지 않습니다. 우리는 아프리카의 흑인이나 아랍인과는 별로 친한 느낌이 들지 않습니다. 그렇다고 해서 가까이 있는 사람이라고 친한 것도 아닙니다. 우리는 일본이나 중국 사람들과도 별로 친하지 않습니다.

그런데 예수님은 놀라운 일을 행하셨습니다. 그것은 일본이나 중국 사람도 없어지게 하시고 한국 사람도 없어지게 하시고, 모두 하나님의 한 가족만 남게 하신 것입니다. 그래서 우리는 다른 사람들을 볼 때 어느 나라 사람인가 하는 것을 알려고 하지만, 그리스도인일 때에는 그것이 없어집니다. 그냥 서로 웃고 사랑스럽고 한 가족이 되어버리는 것입니다.

2:16, "또 십자가로 이 둘을 한 몸으로 하나님과 화목하게 하려 하심이라 원수 된 것을 십자가로 소멸하시고"

예수님의 십자가는 인간 안에 있는 모든 분노와 미움을 빨아가는 빨대입니다. 그래서 예수님은 우리 안에 있는 모든 죄를 다 빨아가셨습니다. 그래서 우리는 다른 사람들을 볼 때 미워할 이유가 없는 것입니다.

이사야 선지자는 이렇게 예언했습니다. "그 때에 이리가 어린 양과 함께 살며 표범이 어린 염소와 함께 누우며 송아지와 어린 사자와 살진 짐승이 함께 있어 어린 아이에게 끌리며 암소와 곰이 함께 먹으며 그것들의 새끼가 함께 엎드리며 사자가 소처럼 풀을 먹을 것이며 젖 먹는 아이가 독사의 구멍에서 장난하며 젖 뗀 어린 아이가 독사의 굴에 손을 넣을 것이라"(사 11:6-8).

우리가 야생에서 보면 사자는 쏜살같이 달려가서 소나 양의 목을 물어서 죽인 후에 잡아먹습니다. 특히 사자나 표범은 새끼라고 해서 사정을 봐주지 않습니다. 어떤 노루 새끼는 방금 태어나서 겨우 걷기 시작하는데 표범이나 사자는 덤벼들어서 잡아먹습니다. 또 독사는 아무리 어린아이라 하더라도 사정을 봐주지 않고 물어서 죽게 만듭니다. 그런데 만일 사자나 염소가 아주 어린 새끼일 때부터 같이 자라게 되면 서로 잡아먹지 않는다고 합니다. 왜냐하면 그들은 서로 형제인 줄 알기 때문입니다. 그러나 예수님이 오신 후에는 모든 동물 사이에 적대감이 사라집니다. 서로 형제인 줄 알기 때문에 장난만 치지, 물거나 잡아먹지 않는 것입니다. 어린아이도 독사가 물지 않기 때문에 같이 놀기만 하지, 물려 죽지는 않습니다.

원래 우리 안에는 서로 원수 된 감정이 있습니다. 이것을 예수님은 십자가로 다 빨아가셨습니다. 그래서 우리는 서로 미워해야 할 이유가 없습니다. 왜냐하면 알고 보면 다 좋은 사람들이기 때문입니다.

2:17, "또 오셔서 먼 데 있는 너희에게 평안을 전하시고 가까운 데 있는 자들에게 평안을 전하셨으니"

우리는 하나님으로부터 너무 먼 데 있었습니다. 그래서 우리는 하나님보다는 미신이 더 가깝고 하나님의 말씀보다는 논어가 더 가까웠습니다. 그런데 예수님은 먼 데 있는 우리에게 오셔서 하나님이 우리를 사랑하신다고 말씀하셨습니다. 유대인들은 하나님과 가까웠지만 그럼에도 불구하고 가까우니까 더 반항심이 깊었습니다. 예수님은 유대인들에게도 하나님의 사랑을 전하셨습니다. 그래서 하나님의 사랑을 믿는 자는 모두 한 가족이 되었습니다.

3. 기적의 공동체

우리가 하나님의 말씀으로 가득 채워질 때 우리는 새로운 포도주가 됩니다. 예수님은 새 포도주는 새 부대에 넣어야 한다고 하셨습니다(마 9:17). 우리는 모두 새 사람이 된 것입니다. 우리는 한 사람이 아니기 때문에 더 풍성한 하나님의 능력이 함께 있게 됩니다.

2:18, "이는 그로 말미암아 우리 둘이 한 성령 안에서 아버지께 나아감을 얻게 하려 하심이라"

우리가 병 조각 하나라면 그 안에 찰 수 있는 성령의 기름은 얼마 되지 않을 것입니다. 그런데 우리가 아주 겸손해지고 미세한 하나님의 말씀으로 다듬어져서 하나 되면 우리 안에 성령이 가득 차오르게 됩니다. 나중에는 병 안에 성령으로 가득 차게 됩니다. 그렇지 않은 사람들은 기름이 전부 줄줄 밖으로 흘러서 다 새버리게 됩니다. 교회에 기적이 잘 일어나지 않는 이유는 아귀가 잘 맞지 않기 때문입니다. 전부 정교하게 맞으면 바보같이 보이게 됩니다. 그렇게 이런 바보들을 통해서 기적이 일어나게 됩니다.

2:20, "너희는 사도들과 선지자들의 터 위에 세우심을 입은 자라 그리스도 예수께서 친히 모퉁잇돌이 되셨느니라"

우리는 집으로 비유하면 엉성하게 합판이나 종이를 세워놓은 것이 아니라 사도와 선지자들 곧 하나님의 말씀 위에 세워진 집입니다. 그리고 그리스도께서 친히 모퉁이 돌이 되셨기 때문에 아무리 강한 바람이 불어도 넘어지지 않고 불을 질러도 타지 않습니다. 그리고 우리 안에는 하나님이 계시기 때문에 늘 신비로운 말씀으로 우리를 깨닫게 하시고 기적으로 응답해 주십니다.

2:22, "너희도 성령 안에서 하나님이 거하실 처소가 되기 위하여 그리스도 예수 안에서 함께 지어져 가느니라"

우리 안에는 성령이 꽉 차 있습니다. 그래서 흔들기만 하면 성령이 쏟아져 나옵니다. 그리고 하나님이 바로 우리 가운데 계십니다. 그리고 우리는 점점 더 완전한 모습으로 만들어져갑니다.

우리는 부족하지만 더 완전한 성전이 되기 위하여 지어져 갈 것입니다. 우리는 모두 열두 개의 보석으로 변할 것입니다. 그리고 이 안에는 영생이 있습니다. 우리는 모두 영원히 사는 복을 누리게 될 것입니다. 우리 안에 천국이 되고 우리 안에서 모든 꿈이 이루어지게 될 것입니다.

09

살아있는 교회

에베소서 2:19-22

셰익스피어의 작품《멕베드》를 보면 마녀들이 전쟁에 이기고 돌아오는 멕베드에게 왕을 죽이고 왕이 되라고 유혹합니다. 그러면서 몇 가지 조건을 내거는데 그중의 하나가 버넴 숲이 움직여서 오지 않는 이상 전쟁은 지지 않는다고 강조합니다. 멕베드는 숲이 다리를 가진 것도 아니고 움직일 수도 없기 때문에 자기는 전쟁에 이길 것이라고 확신합니다. 그러나 실제로 전쟁이 벌어졌을 때 부하는 버넴 숲이 움직였다고 보고합니다. 그것은 복수하려는 왕자가 군대의 숫자를 보여주지 않기 위해서 병사들에게 버넴 숲의 가지를 꺾어서 머리에 들라고 했기 때문입니다. 결국 엉터리 마녀의 속임수에 넘어간 멕베드는 전쟁에 져서 죽게 됩니다. 만약 이 세상에 움직이는 집이 있다면 재미있을 것입니다. 그래서 여름에 캠핑카를 사서 차 뒤에 매달아 바닷가나 강가에 가서 방갈로같이 사용하기도 합니다.

보통 사람들이 집을 지을 때는 철근이나 시멘트로 짓습니다. 그래서 지하부터 기초공사를 튼튼히 한 후에 한 층, 한 층 올라가게 됩니다. 그런데 요즘은 재료공학이 발달해서 건물 전체를 유리로 만드는 것을 볼 수 있는데, 기중기가 큰 유리판을 가지고 와서 꽉 끼우면 그것이 벽이 되는 것입니다.

그런데 무엇인가 지어질 때 건물이 별로 중요하지 않는 것이 있습니다. 그중의 하나가 군대입니다. 군대는 군인이 중요하지, 군 건물은 군인이 잠을 자고 식사하고 쉬는 곳이기 때문에 그렇게 중요하지 않습니다. 그래서 적이 아무리 포를 쏘아서 건물을 부수었다고 해서 군대는 별로 피해를 본 것이 아닙니다. 군인이 죽든지 대포나 무기가 부서지면 피해를 입었다고 합니다. 그런 점에서는 학교도 마찬가지입니다. 학교도 교수나 학생들이 모이면 어느 곳에서도 공부할 수 있기 때문입니다.

그리고 사람으로 만들어지는 성전이 바로 교회입니다. 예수님은 "두세 사람이 내 이름으로 모인 곳에는 나도 그들 중에 있느니라"(마 18:20)고 말씀하셨습니다. 그러니까 교회는 반드시 교회라는 이름으로 큰 건물을 지어야 하는 것이 아닙니다. 공장에 모일 수도 있고 지하실이나 공터에 모일 수도 있지만 예수님의 이름으로 성도들이 모이면 그곳이 성전인 것입니다. 그리고 예수님은 만일 너희가 겨자씨 한 알만큼의 믿음만 있으면 산이 여기서 바다에 빠지라 해도 빠질 것이라고 말씀하셨습니다(마 17:20). 즉 성전의 위력이 얼마나 대단한지 그들이 말씀을 붙들고 기도하면 산이 날아가 버리는 폭발력이 나타나게 된다는 것입니다. 그래서 우리는 눈에 보이는 건물을 짓기보다는 사람을 성전으로 만들어야 합니다. 그래서 어떤 사람은 창문, 어떤 사람은 기둥, 어떤 사람은 바닥, 어떤 사람은 대포가 되는 건물을 지어야 하는 것입니다.

1. 움직이는 군대

군대는 끊임없이 움직이는 것이 특징입니다. 부대는 적이 오는 곳을 찾아가서 그곳을 막아서 싸워야 하기 때문입니다. 그래서 군대는 산에서도 싸워야 하고 늪에서도 싸워야 하고 벌판에서도 싸워야 하고 때로는 시가지 안에서 싸워야 할 때도 있습니다. 그래서 군인은 어느 곳에서 잠을 잘 줄 모르기 때문에 개인 배낭 안에는 텐트가 들어있습니다. 그리고 텐트를 치려고 하면 땅을 파서 비가 오더라도 물이 들어오지 않게 고랑을 만들어야 하기 때문에 야전삽을 반드시 가지고 다닙니다.

원래 이스라엘 백성은 하나님의 움직이는 성전이었습니다. 그들이 대단했을 때는 출애굽해서 광야를 돌아다닐 때였습니다. 이스라엘 백성이 출애굽 했을 때 하나님은 홍해가 갈라지는 기적이 일어나게 하셨고, 그들이 행진할 때는 낮에는 구름 기둥, 밤에는 불기둥으로 에스코트하셨습니다. 특히 이스라엘 백성이 광야에서 물이 없어서 죽게 되었을 때 하나님은 반석을 쳐서 거기서 물이 터져 나오게 하셨습니다. 모세가 어디서든지 기도하면 하나님은 그 기도를 들어주셨고 하나님은 어느 곳에서나 말씀을 듣게 하셨습니다.

그러다가 이스라엘 백성이 가나안 땅에 정착하고 솔로몬이 백향목과 대리석으로 된 성전을 지음으로 성전은 고정되고 말았습니다. 원래 하나님이 만드신 성전은 텐트였기 때문에 어디서든지 옮길 수 있었는데, 솔로몬이 성전을 짓고 난 후에는 움직일 수 없는 성전이 되고 말았습니다. 이스라엘 백성이 텐트에서 대리석 성전을 지은 것은 장사하는 사람들로 비유하면 보따리 장사를 하다가 백화점에 점포를 얻은 셈이 된 것입니다. 그러나 그들은 겉으로는 굉장히 성공한 것처럼 보이지만 실제로는 후퇴한 것이었습니다. 왜냐하면 움직이시는 하나님이 진짜 하나님이시고 움직이는 성전이 진짜 성전이었기 때문입니다. 그런데 움직이지 않는 성전은 자꾸 타락하게 되었습니다. 왜냐하면 이스라엘 백성은 하나님을 이방신의 수준에서 생각했기 때문입니다.

그러다가 이스라엘 백성이 망하고 성전이 불탄 후에 움직이는 성전이 다시 나타났습니다. 그분이 바로 예수님입니다. 그분은 정말 움직이는 성전이었습니다. 그는 말씀이 육신이 되어 우리 가운데 성전으로 계셨던 것입니다. 그러나 그가 죽으신 후 하나님은 우리 이방인들을 성전으로 삼으셨습니다. 사도 바울은 고린도 교인들에게 너희가 하나님의 성전인 것을 알지 못하느냐고 했습니다(고전 3:16). 성령이 오심으로 우리는 살아 움직이는 성전이 되었고 움직이는 하나님의 나라가 되었습니다.

그런데 우리는 우리가 성전인 것을 느끼지 못할 때가 많고 우리가 하나님의 나라가 아닌 것처럼 생각될 때가 많습니다. 오히려 우리가 세상 나라인 것처럼 느낄 때가 많습니다. 이것이 바로 우리가 풀어야 할 숙제입니다. 우리는 성전인데 왜 하나님의 임재를 느끼지 못할까요? 우리는 하나님의 나라인데 왜 세상 나라가 잔뜩 들어와 있을까요? 그것은 누가 말로 가르쳐줄 수 있는 것이 아닙니다. 이것은 본인이 경험해보아야 알 수 있는 것들입니다. 만일 우리가 움직이는 성전으로 성공한다면 이것이야말로 움직이는 원자폭탄입니다. 우리에게는 하나님의 모든 능력이 다 들어오게 됩니다. 결국 우리가 생명을 걸고 하나님의 말씀을 붙들어야 성전이 될 수 있습니다.

2:19, " 그러므로 이제부터 너희는 외인도 아니요 나그네도 아니요 오직 성도들과 동일한 시민이요 하나님의 권속이라"

우리는 이 세상에 속한 사람들이 아니라 하늘에 속한 사람들입니다. 그래서 하늘에 속한 사람은 하나님의 말씀만 먹어야 합니다. 우리는 작은 것부터 응답받는 훈련을 해야 합니다. 한꺼번에 원자폭탄을 터트리려고 할 것이 아니라 작은 손바닥만 한 구름이 나타나는 것에서부터 훈련해야 합니다.

2. 진짜 성전과 가짜 성전

그리스에 가면 곳곳에 많은 신전이 있습니다. 아마 그중에서 가장 유명한 신전이 파르테논 신전일 것입니다. 그러나 이런 신전들은 모양은 모두 그럴듯하고 예술적인 가치는 높을지 몰라도 전부 가짜 성전입니다. 왜냐하면 그것은 전부 돌로 만들어진 신전이기 때문입니다. 로마 가톨릭에도 참 아이러니한 것이 신앙이 없고 타락한 교황이 예술은 그렇게 중요하게 생각했다는 사실입니다. 그래서 교황 중에서 가장 타락했던 레오 10세가 성 베드로 성당을 짓는데 필요한 돈을 모금하기 위해서 면죄부를 팔게 되었던 것입니다.

가짜 성전의 특징은 돈으로 세운다는 것입니다. 사실 요즘 같은 세상에는 돈만 많이 있으면 얼마든지 어마어마한 건물을 세울 수 있습니다. 이사야 선지는 이스라엘 백성에게 이런 말을 했습니다. 너희들은 똑같은 나무로 우상도 만들고 의자도 만들고 빵을 굽기도 하고 추우면 불을 피우기도 하니까 정말 웃기는 신앙이라고 했습니다. 돈으로 짓는 성전은 가짜입니다. 눈에 보이는 건물도 가짜입니다. 말로 사람들을 웃겨서 모으는 성전도 가짜입니다.

진짜 성전은 기초가 중요합니다. 진짜 성전은 기초가 성경의 가르침입니다. 건물을 지을 때는 기초공사를 튼튼히 해야 합니다. 대충 엉터리로 기초공사를 하면 잠을 자다가 건물이 무너지는 수가 생깁니다.

2:20, "너희는 사도들과 선지자들의 터 위에 세우심을 입은 자라 그리스도 예수께서 친히 모퉁잇돌이 되셨느니라"

성전에서 가장 중요한 것은 가르침의 기초입니다. 그 가르침이 순수한 성경 자체여야 하는 것입니다. 그래야만 하나님이 임재하십니다. 하나님의 말씀이 없으면 하나님은 임재하시지 않습니다. 그곳은 단지 인간의 모임일 뿐입니다. 사람이 수십만 명 모여도 하나님의 말씀이 기초가 되어 있지 않으면 그곳은 성전이 아닙니다.

그런데 본문에 보면 "그리스도 예수께서 친히 모퉁잇돌이 되셨느니라"고 했습니다. "모퉁잇돌"이라는 것은 이 모퉁이와 저 모퉁이를 연결하는 돌을 가리킵니다. 결국 사람들을 전부 하나 되게 하는 것은 예수 그리스도입니다. 참으로 믿는 자들에게는 어마어마한 보물이 있습니다. 그것이 바로 예수 그리스도의 보혈이고 하나님의 능력이며 기도의 응답입니다. 우리에게는 하나님의 말씀이 바닥에 깔려 있어야 하고 기초가 되어야 합니다. 우리는 모두 예수님으로 하나 되어야 합니다. 우리의 말이 예수님의 말이고, 우리의 표정이 예수님의 말이고, 우리의 생각이 예수님의 말이 되어야 합니다. 그런데 누군가가 세상의 얼굴을 가지고 덤벼들거나 세상의 말을 쏟아내면 우리는 놀라게 됩니다.

2:21, "그의 안에서 건물마다 서로 연결하여 주 안에서 성전이 되어 가고"

건물이 하나가 아닌 것입니다. 이 안에는 창고도 있고 식당도 있고 회의실도 있고 찬양대도 있고 예배실도 있습니다. 그러나 모두 예수님으로 하나가 되어 있는 것입니다.

3. 삼위일체 군대

　옛날 로마군대는 로마군대라는 자부심이 있었습니다. 미군은 미군의 정신이 있습니다. 우리 하나님의 백성은 모두 하나님 나라의 군대라는 자부심이 있어야 합니다. 옛날에 군인은 모두 군복을 입고 무기로 무장했습니다. 투구를 쓰고 가슴에 흉배를 붙이고 손에는 칼을 들고 화살을 사용했습니다.

　우리가 하나님의 성전으로서 가장 먼저 배워야 하는 것은 예수님을 나의 반석으로 삼는 것입니다. 예수님의 반석은 들어가는 입구가 보이지 않습니다. 만일 우리가 예수님의 반석 안에 들어가지 못하면 위기 때 도움을 받을 수 없습니다. 그러나 예수님의 반석 안에 들어가면 밖에서 아무리 불화살과 대포를 쏘고 폭탄을 터트려도 안전할 수 있습니다. 그리고 그 안에는 우리가 목마를 때 마실 수 있는 샘물이 있고 일용할 양식도 있습니다.

　우리가 예수 그리스도 안에 들어갈 수 있는 비결은 인생 밑바닥에 있습니다. 요셉도 거기에서 그리스도 안에 들어가는 길을 찾았고, 다윗도 인생 밑바닥에서 그 길을 찾았습니다.

　그리고 우리의 정신은 오직 성령 충만입니다. 우리는 성령 안에서 하나님의 성전으로 지어져 가기 때문에 모든 것을 성령의 정신으로 해야 합니다. 자기를 나타내거나 유명해지거나 다른 사람 위에 올라설 목적으로 하나님의 성전을 지어서는 안 됩니다. 우리는 남을 나보다 낫게 여기고 오직 겸손할 때 하나가 될 수 있습니다. 당장 하나가 안 되면 하나 될 때까지 기다리면 되는 것입니다. 그때 하나님이 우리 안에 거하십니다. 우리 안에 하나님의 영광이 있습니다. 우리 안에 하나님의 능력이 있습니다. 우리 안에 하나님의 무한하심이 있습니다. 그리고 우리는 그리스도 안에서 함께 지어져 간다고 했습니다.

2:22, "너희도 성령 안에서 하나님이 거하실 처소가 되기 위하여 그리스도 예수 안에서 함께 지어져 가느니라"

하나님은 온 우주를 만드신 분입니다. 그러나 하나님이 우리 안에 계실 때는 치료하시고 기적을 행하시며 축복하시는 분으로 나타납니다. 아브라함은 하나밖에 없는 독자 이삭을 하나님의 말씀에 순종하여 모리아 산에 바치려고 갔다가 마침내 여호와 이레의 하나님을 얻게 되었습니다. 우리가 여호와 이레의 하나님을 만나려고 하면 나의 소중한 것도 버릴 수 있어야 합니다. 야곱은 한평생 사랑하는 아들 요셉이 죽은 줄 알았는데 하나님은 요셉을 통해서 많은 사람을 살리셨습니다.

우리 안에 하나님이 계시지 않으면 우리는 아무 소용이 없습니다. 우리는 하나님을 우리 마음 한가운데 모셔야 합니다. 우리는 결코 주인이 아닙니다. 하나님이 우리 인생의 주인이십니다. 삼위일체 하나님이 우리 안에 계실 때 우리는 참 성전이 됩니다. 십자가의 용사로 사탄을 물리치시기를 바랍니다.

10

하나님의 비밀

에베소서 3:1-6

사람들은 모두 이 세상에서 크고 작은 비밀들을 가지고 살아갑니다. 그중에는 좋은 비밀도 있지만 좋지 않은 비밀도 있습니다. 어떤 사람은 절대로 비밀을 남에게 이야기하지 않는다는 뜻으로 "이 비밀을 무덤까지 가지고 간다"고 말하기도 합니다.

그런데 온 천지를 만드신 하나님에게도 많은 비밀이 있습니다. 우선 하나님이 있는지 자체가 비밀입니다. 그래서 사람들은 하나님이 있는지 없는지 있다면 어떤 분인지 모릅니다. 하나님은 어떤 사람이 언제 죽을지를 비밀로 해놓으셨습니다. 그래서 사람들은 자기가 언제 죽을지 알지 못합니다. 우리는 하나님도 모르고 사람이 죽는 시간도 모릅니다. 만약 사람이 자기 죽을 때를 안다면 죽기 전에 엄청나게 벌벌 떤다든지 아니면 엄청나게 잔치를 하든지 별별 일이 벌어질 것입니다.

그런데 진짜 우리에게 중요한 비밀이 있습니다. 우선 우리에게 중요한 것은 정말 천국과 지옥이 있느냐 하는 것입니다. 이것은 굉장히 중요합니다. 사람들은 천국과 지옥이 있는지 모르기 때문에 신앙생활을 해도 미지근하게 한다거나 혹은 세상에서 죄를 지으면서 불신앙으로 살아갑니다. 그리고 또 우리에게 중요한 것은 우리가 죽은 후에 어떤 모습으로 존재하게 되느냐 하는 것입니다. 사람이 죽은 후에는 우리 인간이 보는 것처럼 육신은 썩고 영혼은 없어지느냐, 아니면 영혼은 살아서 천국이나 지옥에 가고 나중에 다시 부활을 하느냐 하는 것입니다. 그리고 또 중요한 비밀은 만일 진짜 천국이 있다면 그 천국에 들어가는 방법이 무엇이냐 하는 것입니다. 우리가 그 사실을 안다면 모두 천국에 들어갈 수 있을 것입니다.

1. 천국과 지옥은 있는가?

우리 인간에게 중요한 것은 물론 이 세상에서 굶어 죽지 않고 행복하고 만족스럽게 사는 일일 것입니다. 그런데 이것보다 훨씬 더 중요한 것은 과연 천국과 지옥은 있느냐 하는 것입니다. 그런데 사람들은 그것을 알지 못합니다. 왜냐하면 아무도 천국이나 지옥에 가본 사람이 없기 때문입니다.

그런데 여기에 어마어마한 비밀이 공개되고 있습니다. 그것은 천국과 지옥에 가본 분이 계시다는 것입니다. 심지어는 죽고 난 후에 다시 살아나신 분이 있다는 것입니다. 이것이 최고의 비밀입니다. 물론 하나님이 계시느냐 하는 것도 비밀이었습니다. 그러나 하나님은 이 세상에서 오직 딱 한 민족 이스라엘 백성에게만 하나님이 계신다는 사실을 알려주셨습니다. 그리고 하나님은 이스라엘 백성에게 진짜 하나님은 한 분밖에 없고 다른 신은 다 가짜니까 절대로 다른 신을 숭배하지 말라고 하셨습니다. 그러나 이스라엘 백성은 그 호기심을 이기지 못해서 망하게 됩니다. 그러나 이스라엘 백성조차도 몰랐던 사실이 있는데, 바로 하나님에게 아들이 있다는 것입니다.

하나님의 아들은 천국을 가지고 이 세상에 오셨습니다. 그래서 "회개하라 천국이 가까이 왔느니라"(마 4:17)고 말씀하셨습니다. 예수님도 천국 자체에 대해서는 많은 말씀을 하시지 않았습니다. 그러나 천국이 틀림없이 있고 예수님은 그 천국에서 오셨다고 하셨습니다. 예수님은 또 지옥도 있다고 생생한 비유로 말씀하셨습니다(눅 16:19-31). 어떤 부자가 이 세상에서 좋은 옷을 입고 매일 호화롭게 잔치하면서 살다가 죽었는데 그는 지옥에 가서 물 한 방울 없는 뜨거운 곳에서 고통받고 있다고 하셨습니다. 그렇게 예수님은 지옥은 영원히 유황불로 불타며 구더기도 죽지 않는다고 말씀하셨습니다.

또 예수님은 부자 청년에게 "네 소유를 팔아 가난한 자들에게 주라 그리하면 하늘에서 보화가 네게 있으리라 그리고 와서 나를 따르라"(마 19:21)고 하셨습니다. 그리고 예수님은 부자가 천국에 들어가기가 얼마나 어려운지 낙타가 바늘구멍에 들어가는 것보다 더 어렵다고 하셨습니다. 사실 낙타가 바늘구멍에 들어가는 것은 불가능합니다.

예수님이 이 세상에 오시기 전에는 천국과 지옥이 그렇게 분명하게 드러나지 않았습니다. 그러나 예수님은 엄청난 비밀을 폭로하신 것입니다.

2. 하나님의 비밀 계획

우리 인간에게도 비밀이 있듯이 하나님에게도 비밀이 있습니다. 그런데 우리 인간의 비밀이라면 주로 과거 일에 대한 비밀일 것입니다. 그러나 하나님의 비밀은 주로 미래에 대한 비밀입니다. 우리 인간이 알고 싶은 비밀이 있다면 아마 우주는 얼마나 클까 하는 것입니다.

인간은 우주선을 쏘아 보내었는데 그 우주선이 총알 속도로 10년을 날아갔는데, 이제 겨우 태양계의 경계선까지 갔다고 합니다. 우주에는 태양계 같은 별 무리가 수억 개나 있다고 하니, 도대체 우주는 얼마나 큰가요?

하지만 그것보다 우리에게 더 중요한 비밀이 있습니다. 그것은 인간이 한번 죽은 후에 다시 살 수 있는가 하는 것입니다. 인간이 죽으면 굉장히 빨리 육체가 썩게 되고 땅에 묻지 않으면 그 썩는 냄새 때문에 견딜 수 없게 됩니다. 모든 사람은 다 죽습니다. 그런데 중요한 것은 사람이 한번 죽고 난 후에 육체가 썩어 없어졌는데도 다시 살 수 있느냐 하는 것입니다.

이것이 하나님의 가장 큰 비밀입니다. 하나님은 처음 인간을 만드셨듯이 죽은 자도 다시 살리시겠다고 말씀하셨습니다.

3:1-2, "이러므로 그리스도 예수의 일로 너희 이방인을 위하여 갇힌 자 된 나 바울이 말하거니와 너희를 위하여 내게 주신 하나님의 그 은혜의 경륜을 너희가 들었을 터이라"

우리가 보통 "경륜"이라는 말을 쓸 때는 "저 사람은 경륜이 많다"고 하면 인생 경험이 아주 폭이 넓고 많다는 뜻입니다. 그러나 여기 "경륜"이라는 말은 '계획'을 의미합니다.

사도 바울은 지금 감옥에 갇혀 있습니다. 그가 감옥에 갇혀 있는 이유는 무슨 특별한 죄를 지어서 갇혀 있는 것이 아니라 이방인들도 구원 얻을 수 있다고 전했기 때문입니다. 만약 사도 바울이 지금이라도 이방인들은 구원을 얻지 못한다고 전한다면 유대인들의 박해를 받지 않고 감옥에 갇히지도 않을 것입니다. 그러나 하나님은 아들이신 예수 그리스도를 통하여 수천 년 동안 감추어져 있었던 비밀을 공개하셨습니다. 그 비밀은 아무리 이 세상에서 이방인이고 하나님을 모르고 산 사람이라 하더라도 예수를 하나님의 아들로 믿는 자에게는 영생을 주신다는 것입니다. 사도 바울은 바로 이 하나님의 비밀을 사람들에게 공개했고 가르쳤기 때문에 유대인들에게 미움을 받아서 감옥에 갇히게 되었습니다. 그러나 이것은 최고의 하나님의 비밀 계획이었습니다.

예수님은 "내 아버지의 뜻은 아들을 보고 믿는 자마다 영생을 얻는 이것이니 마지막 날에 내가 이를 다시 살리리라"(요 6:40)고 말씀하셨습니다. 예수님은 그 증거로 죽은 열두 살 되는 소녀를 살리셨고, 죽은 지 나흘이 되어서 썩은 냄새가 나는 나사로를 살리셨습니다. 더욱이 예수님 자신이 죽어서 장사된 지 사흘 만에 다시 살아나셨습니다. 그는 하늘에 올라가시면서 "하늘로 가심을 본 그대로 오시리라"고 말씀하셨습니다.

한번 생각해 보시기 바랍니다. 우리가 죽은 후에 다시 살게 된다면 이 세상의 삶은 절대적인 것이 아닐 것입니다. 우리에게 더 중요한 것은 다시 사는 그 인생일 것입니다. 단지 우리는 다음 인생을 살아보지 못하였습니다. 그리고 우리는 이 세상에 대하여 정이 있습니다. 우리는 이 세상에 사는 사람들과 모두 끈끈한 인정이라는 것이 있어서 그것을 쉽게 끊어버릴 수 없습니다. 또 우리는 다시 사는 삶을 경험해 보지 못했기 때문에 우리 마음에 두려움이 있는 것도 사실입니다. 그러나 우리가 죽어도 다시 살게 된다는 것을 예수님께서 계시로 우리에게 알려 주셨습니다.

3:3-4, "곧 계시로 내게 비밀을 알게 하신 것은 내가 먼저 간단히 기록함과 같으니 그것을 읽으면 내가 그리스도의 비밀을 깨달은 것을 너희가 알 수 있으리라"

여기서 사도 바울이 "먼저 간단히 기록함"이라고 한 것은 사도 바울이 에베소서를 보내기 이전에 그가 기록한 서신을 말하는 것인지 아니면 바로 이 에베소서의 앞부분을 말하는 것인지는 알 수 없습니다. 아마도 사도 바울은 이 앞에도 이런 내용의 편지를 보낸 적이 있는 것 같습니다.

유대인들 중에서 사두개파는 부활을 믿지 않았습니다. 그래서 그들은 예수님을 찾아와서 부활에 대해 시험하여 물었습니다. 즉 어떤 집에 일곱 형제가 있는데 큰아들이 결혼했지만 자식이 없이 죽었고, 둘째 아들도 형수와 결혼했지만 자식이 없이 죽었고, 일곱 아들이 모두 다 그 한 여자와 결혼했지만 자식이 없이 죽었다는 것입니다. 그러면 나중에 부활하면 이 여자는 누구의 아내가 되겠느냐는 것입니다. 이것은 이 여자만의 문제가 아니라 재혼한 모든 사람의 문제이기도 할 것입니다. 그때 예수님은 그들에게 하나님의 능력과 성경을 몰라서 크게 오해하였다고 하시며, 우리가 부활할 때는 이 몸으로 부활하는 것이 아니라 천사와 같은 몸으로 부활할 것이라고 하셨습니다. 우리는 천사와 같은 몸을 가지게 되는 것입니다. 그래서 그때 우리는 몸을 가지고 있지만 이 세상의 몸이 아닌 것입니다. 그리고 우리는 모두 가장 아름답고 젊은 모습으로 다시 살게 되는데 자신이나 다른 사람을 다 알아보게 된다는 것입니다.

그리고 우리가 부활하고 난 후에는 남녀관계가 그렇게 중요한 관계가 아니라고 했습니다. 이 세상에서는 남녀관계가 중요합니다. 그러나 천국에서는 우리 자신이 너무 아름답기 때문에 남녀문제는 중요하지 않을 것입니다. 그리고 그때는 우리가 우주를 여행할 수 있기 때문에 아마 우주 끝까지 갈 수 있을지도 모릅니다. 그리고 하나님께서는 처음 지구를 창조하셨듯이 우리로 하여금 우주를 개발해서 다스리라고 하실지도 모릅니다.

생텍쥐페리의 소설 《어린 왕자》를 보면 어른들이 별을 하나씩 차고 주인 노릇을 하고 있는데, 그때 우리는 큰 별을 가질지도 모릅니다. 생텍쥐페리 소설에서 어린 왕자가 가지고 있는 별은 작은 화산이 두 개 있고 장미가 있는 작은 방만한 별입니다. 그는 작은 화산을 가지고 음식을 데우기도 하고 이 화산이 폭발하지 않도록 매일 청소를 해 줍니다. 그러나 어느 날 장미 씨가 떨어지면서 장미꽃을 피웁니다. 그런데 장미가 너무 까다롭게 굴어서 어린 왕자는 그 별을 떠납니다. 그러나 나중에 알고 보니까 장미가 까다롭게 굴었던 것은 이 왕자의 관심을 끌기 위해서였다는 것입니다. 왕자는 자기가 장미를 너무 몰랐다고 말을 하고 있습니다. 우리도 때때로 상대방이 심통을 부리는 것은 더 관심을 가져 달라는 것인데 그것을 깨닫지 못해서 서로 미워하고 싸울 때가 많습니다.

우리는 멋진 모습으로 다시 살게 됩니다. 그때는 흑인도, 백인도, 황인종도 없을 것입니다. 그때는 장애인도, 불구자도 없을 것입니다. 우리는 하나님과 영원히 살게 될 것입니다. 우리는 입만 벌리면 찬송이 나오고 입만 벌리면 축복이 나올 것입니다. 거기에는 아픈 것과 우는 것과 죽는 것이 없을 것입니다.

3. 구원받는 사람의 조건

누구든지 천국에 가서 천사 같은 모습으로 변하려고 하면 반드시 필요한 것이 있습니다. 그것은 바로 우리가 예수님과 하나 되는 것입니다. 우리는 예수님 안에 들어가야 태양도 통과하고 죽음도 통과해서 다시 살게 됩니다. 그런데 우리가 예수 안에 들어가는 비결은 예수를 믿는 것입니다. 그리고 하나님께 내 모든 것을 다 맡기는 것입니다.

예수님은 "하나님은 죽은 자의 하나님이 아니요 산 자의 하나님이시라"(막 12:27)고 하셨습니다. 아브라함과 이삭과 야곱은 다 하나님 앞에 살아있는 사람들이었습니다. 실제로 예수님이 높은 산에서 변화되셨을 때 예수님 앞에는 오래전에 죽었던 모세와 엘리야가 나타났습니다.

> 3:5-6, "이제 그의 거룩한 사도들과 선지자들에게 성령으로 나타내신 것 같이 다른 세대에서는 사람의 아들들에게 알리지 아니하셨으니 이는 이 방인들이 복음으로 말미암아 그리스도 예수 안에서 함께 상속자가 되고 함께 지체가 되고 함께 약속에 참여하는 자가 됨이라"

여기 "사도들과 선지자들에게 성령으로 나타내신 것 같이"라는 것은 바로 이 복음의 시대에 우리에게 알려진 진리를 말하는 것입니다. 구약시대에나 복음을 듣지 못한 사람들에게는 천국과 영생은 여전히 비밀이요 수수께끼로 감추어져 있습니다. 하나님은 "다른 세대에서는 사람의 아들들에게" 이 하나님의 비밀을 알려주지 아니하셨습니다.

사도 바울은 오직 예수님의 계시로 이 사실을 알게 되었다고 강조하고 있습니다. 바울은 예수님의 계시를 믿고 거기에 목숨을 걸고 전하는 것입니다. 결국 바울은 이 진리 때문에 죽게 됩니다. 그래도 그는 이 진리를 부정하지 않았습니다.

그러나 예수를 믿지 않는 사람들은 어떻게 됩니까? 그 사람들은 똑똑하고 유능하고 뛰어난 사람들입니다. 그들은 이 세상에서 모든 좋은 것을 다 누리면서 좋은 옷을 입고 좋은 차를 타고 좋은 집에서 모든 것을 호의호식하면서 살 것입니다. 세상에서 대접을 받고 사람들의 칭찬을 받으면서 살 것입니다. 그러나 인간인 이상 그들도 노화와 죽음을 피할 수는 없습니다. 아무리 부자이고 박사이고 대재벌이라도 결국 늙어서 죽게 됩니다. 이때 천사는 그를 잡아서 그 끝없이 깊은 구덩이인 지옥에 집어던질 것입니다. 그는 그 지옥에서 영으로 고민하고 미워하고 이를 갈다가 하나님의 보좌 앞에서 자기가 지은 죄를 전부 다 토해내게 될 것입니다. 그리고 성도들은 나비같이 그리고 천사같이 다시 일어나지만 이 사람들의 몸은 미라같이 딱딱하게 될 것입니다.

아마 지옥에 있는 자들도 피부가 미라같이 변해 있을 것입니다. 그리고 그들의 온몸에는 구더기가 돌아다닐 것입니다. 그리고 그곳의 공기는 유황가스로 되어 있고 뜨거운 불로 영원히 고통받을 것입니다. 지옥에는 물이 한 방울도 없습니다. 그러나 이 미라 인간은 갈증을 느끼는 것 같습니다. 그들의 갈증은 영원히 계속될 것입니다. 그들은 지옥에서 서로 보이는 대로 싸우고 욕하고 미워하면서 지낼 것입니다. 그들은 모두 불면증에 걸려서 잠을 제대로 자지 못할 것입니다. 이것이 바로 하나님의 비밀입니다.

만일 우리가 이 세상에 사는 것이 전부라면 우리가 예수 믿는 것은 헛된 짓입니다. 만일 인간이 죽는 것으로 모든 것이 끝난다면 우리는 예수 믿는 시간에 다른 것을 하는 것이 훨씬 좋을 것입니다. 그러나 영생이 있다면 이 세상에서 세상 사람들이 하는 대로 살면 안 됩니다. 그것은 망하고 죽는 길입니다.

우리 구원받는 자는 하나님의 지체가 된다고 했습니다. 우리는 하나님과 연결되어서 하나가 되는 것입니다. 그리고 우리는 하나님의 모든 것을 상속하게 됩니다. 우리는 하나님의 빛을 상속하고, 하나님의 영광을 상속하고, 하나님의 땅을 상속하고, 하나님의 재산을 상속할 것입니다. 우리에게는 하나님의 약속이 있습니다. 그것은 바로 우리가 영원히 사는 것입니다. 이 세상에서 아무리 바보 같아도 우리는 영생을 얻게 되는 것입니다. 그러나 교만한 자들은 영원히 마귀와 함께 멸망하게 될 것입니다. 이 비밀이 공개된 것은 누구든지 믿는 자는 영생을 얻기 때문입니다. 믿으면 영생을 얻습니다. 그러나 믿지 않으면 멸망입니다. 이것이 하나님의 비밀 계획입니다. 우리 모두 이 비밀을 믿는 것이 사는 길입니다.

　하나님은 우리에게 엄청난 비밀을 공포하셨습니다. 그러나 사람들은 이 말을 믿으려고 하지 않습니다. 아마도 이 비밀이 이루어지는 날이 있을 것입니다. 그러나 아직도 공개되지 않고 있는 비밀이 있습니다. 그중의 하나가 바로 이날이 언제인가 하는 것입니다. 하나님은 언제 인류 역사가 끝난다는 것을 공개하지 않으셨습니다. 하나님은 어느 날 번개같이 이날이 오게 하실 것입니다. 그래야 평소의 모습을 볼 수 있기 때문입니다.

　그리고 아직 공개되지 않은 비밀은 이 날에 상이 있으리라는 것입니다. 하나님의 말씀에 전적으로 순종하면서 산 자와 덜 순종하면서 산 자의 차이가 있을 것입니다. 그런데 그것이 어느 정도로 차이가 나는지 말씀하시지 않았습니다. 그러나 반드시 상급의 차이가 엄청나게 있을 것입니다.

　그리고 예수님은 많은 믿는 자들이 구원에서 탈락될 것이라고 하셨습니다. "나더러 주여 주여 하는 자마다 다 천국에 들어갈 것이 아니요 다만 하늘에 계신 내 아버지의 뜻대로 행하는 자라야 들어가리라"(마 7:21) 하시면서 "불법을 행하는 자들아 내게서 떠나가라"고 하실 것이라고 하셨습니다. 거지 나사로나 아무것도 가지지 않았던 예수님의 제자들은 확실히 들어갈 것입니다.

11

복음의 가치

에베소서 3:7-13

만일 우리가 군부대에서 가장 높은 사람을 만나려고 하거나 혹은 그 안에 있는 비밀서류를 보려고 할 때, 그냥 일반인의 자격으로 찾아가서는 아예 부대 안에 들어가지도 못하게 할 것입니다. 왜냐하면 부대 안에는 국가기밀로 취급하는 것들이 워낙 많기 때문입니다. 그러나 우리가 그냥은 군부대 안을 들어갈 수 없지만 국방부에서 발행한 서류를 가지고 와서 비밀을 취급할 수 있는 자격증을 가슴에 달고 있으면 얼마든지 군부대 안에 들어가서 높은 사람도 만나고 서류를 볼 수 있을 것입니다. 이것은 회사에서도 마찬가지입니다. 요즘은 중요한 회사에 들어가려고 하면 출입증 카드가 있어야 합니다. 그래서 그 카드를 출입문에 찍어야 문이 열리고 안에 들어갈 수 있습니다.

우리는 모두 복음을 듣고 예수를 믿지만 우리가 믿는 복음이 얼마나 가치가 있는 것인지 모를 때가 많습니다. 그럴 수밖에 없는 것이 이 복음의 가치를 이 세상에서는 전혀 알아주지 않기 때문입니다.

옛날에는 마패 제도가 있었는데 왕은 아주 중요한 임무를 맡은 어사에게 왕의 마패를 주었습니다. 이 마패를 가지고 있는 사람은 나라의 어느 기관이든지 들어갈 수 있었습니다. 그리고 최고 책임자를 만날 수 있고 그가 하는 일을 조사할 수도 있었습니다. 이 마패를 가진 사람은 왕궁에도 들어올 수 있었습니다. 그래서 왕 앞에 나아가서 중요한 것을 직접 보고할 수 있었습니다.

그런데 우리가 믿는 이 복음은 하나님의 마패입니다. 사람이 어떻게 감히 하나님 앞에 나아갈 수 있겠습니까? 또 사람이 어떻게 감히 하나님에게 무슨 요구를 할 수 있겠습니까? 그러나 우리가 복음을 가지고 있으면 천사들을 제치고 하나님 앞에 바로 나아가서 우리의 요구를 말씀드릴 수 있습니다.

1. 바울은 누구인가?

사도 바울이 이 에베소서에서 전하고 있는 메시지는 하나님께서 수천 년 전부터 감추어 놓으셨던 비밀이었습니다. 하나님의 나라에도 많은 비밀이 있습니다. 만약 우리가 천국에 간다고 하면 비밀 딱지가 붙은 비밀 방이 많이 보일 것입니다. 그 비밀 중의 비밀이 하나님의 아들입니다. 하나님의 아들이 있다는 것이 비밀이고, 그 아들이 인간을 위해서 하실 일도 비밀이었습니다. 또 우주가 얼마나 크며 우리가 이 우주를 뚫고 하나님의 나라에 들어가는 것도 비밀입니다. 우리가 언제 죽느냐 하는 것도 비밀이고 하나님 나라에 들어갈 수 있는 방법도 비밀입니다.

그런데 하나님은 가장 중요한 비밀인 하나님의 아들을 공개하셨습니다. 하나님은 그 아들을 원래의 모습으로 공개하신 것이 아니라 인간의 모습으로 공개하셨습니다. 이것이 바로 복음입니다. 그래서 하나님의 아들을 믿는 사람도 있고 믿지 않는 사람도 많이 있습니다. 이것이 바로 천국의 열쇠입니다. 그리고 하나님의 아들이 십자가에 죽으시고 부활하신 후 누구든지 모든 사람은 예수를 믿기만 하면 천국에 들어가서 영생을 얻을 수 있게 되었습니다. 이것은 엄청난 하나님의 비밀이었습니다.

그런데 이 비밀을 받아서 이방인들에게 선포하는 사명을 맡은 자는 천사가 아니었습니다. 하나님의 이 중요한 일급비밀 같으면 가브리엘 천사가 예루살렘 성전이나 혹은 로마 원로원에서 발표할 것 같은데 이 중요한 하나님의 비밀을 발표하는 사람은 아주 평범한 사람이었습니다. 그리고 그는 처음에는 이 기독교를 잘 믿는 사람도 아니었고 오히려 핍박했던 사람이었습니다.

3:7, "이 복음을 위하여 그의 능력이 역사하시는 대로 내게 주신 하나님의 은혜의 선물을 따라 내가 일꾼이 되었노라"

하나님은 이 위대한 복음을 전하기 위하여 세네카라든지 그리스의 아리스토텔레스 같은 대학자들을 사용하시지 않았습니다. 어떻게 생각해보면 소크라테스를 썼더라면 참 좋을 뻔했을 것입니다. "테스형! 세상이 왜 이렇게 어려워?"라고 말했을지도 모릅니다. 그러나 하나님은 먼저 이 복음을 위하여 능력으로 역사하셨습니다. 그것은 바로 복음 선포자 바울을 바꾸는 것이었습니다.

사도 바울은 자기가 십자가에 매달려 죽은 예수를 믿게 될 줄은 꿈에도 생각하지 못했습니다. 그는 예수 믿는 사람들은 모두 광신자들이고 미친 사람들이라고 생각했습니다. 사도 바울은 예수 믿는 사람들을 잡아서 감옥에 가두었고 예수를 부정하도록 때리고 고문했습니다. 그는 예수 믿는 사람들을 더 많이 잡아서 유대교로 돌아오게 하려고 다메섹으로 가다가 비밀이신 그 분 예수님을 만나고 말았습니다.

예수님은 태양보다 더 환한 빛 가운데 계셨습니다. 예수님은 사도 바울을 알고 계셨습니다. "사울아, 사울아 어찌하여 너는 나를 박해하느냐?" "주여 누구십니까?" "나는 네가 박해하는 예수라" 사도 바울은 그 환한 빛에 눈이 멀어버렸습니다. 그는 하나님의 능력을 부인할 수 없었습니다. 그것은 이미 죽었던 예수님이 살아계시고 사도 바울을 알고 계신 것이었습니다. 그는 더 이상 생각하거나 고민할 여지가 없었습니다. 예수님은 하나님의 아들이시며 살아계셨고 그가 직접 보았기 때문입니다. 그는 자연스럽게 예수님은 하나님의 아들이라고 고백했습니다. 그는 그 전에 중요하게 생각하던 모든 공부나 종교적인 계율들을 다 때려치워 버렸습니다. 왜냐하면 그것은 모두 엉터리였기 때문입니다.

사도 바울은 하나님을 바로 믿는 것 하나만 해도 만족스러웠습니다. 그는 굶어 죽거나 맞아 죽거나 얼어 죽어도 하나님 한 분 바로 믿는 것으로 만족했습니다. 그는 이 세상에 목적이 없는 사람이 되었고 아무런 신분도 없었습니다. 하나님은 이 미천한 바울에게 하나님의 특급 비밀인 복음을 전하게 하셨습니다. 왜냐하면 그는 자기 자랑할 것이 아무것도 없었기 때문입니다. 하나님의 복음에는 인간의 과장이 조금이라도 들어가면 안 됩니다. 거기에는 철학이나 문학이 들어가도 안 되고 다른 종교가 들어가도 안 됩니다. 어떤 사람은 복음을 전하면서 엄청나게 자기 자랑을 하는 사람도 있고, 복음 대신에 세상 유행가를 가지고 설교하는 사람도 있습니다. 이런 사람은 전부 엉터리입니다.

사도 바울은 자랑할 것이 아무것도 없었습니다. 그는 복음을 순수하게 그대로 전할 수 있는 사람이었습니다. 그에게는 이방인이나 유대인의 차이가 없었습니다. 그는 하나님이 주신 선물을 그대로 전달할 수 있는 사람이었습니다. 하나님은 이렇게 순수한 사도 바울을 복음 전도자로 삼으셨습니다. 복음에는 다른 것이 들어가면 효력이 없습니다. 예를 들어서 사람의 생명을 살리는 아주 중요한 약이 있는데 만일 거기에 불순물이 들어간다면 그 약은 효력이 없을 것입니다. 복음에는 다른 것이 일절 들어가면 안 됩니다.

3:8, "모든 성도 중에 지극히 작은 자보다 더 작은 나에게 이 은혜를 주신 것은 측량할 수 없는 그리스도의 풍성함을 이방인에게 전하게 하시고"

"성도 중에 지극히 작은 자"라고 하면 노예나 학교 문턱에도 가보지 못한 사람을 생각할지도 모릅니다. 사도 바울은 그런 사람보다 더 작다고 했습니다. 왜냐하면 그 사람들은 교인을 박해하지는 않았지만 자기는 교인들을 때렸고 주님을 부인하도록 강요했기 때문입니다. 사실 사도 바울은 예수님의 원수였습니다. 그런 자를 예수님이 복음 전도자로 삼으신 것은 그리스도의 측량할 수 없는 풍성함을 전하기 위해서라고 했습니다.

하나님은 아무리 똑똑해도 복음에 불순물을 섞는 사람은 원치 않으십니다. 왜냐하면 복음의 효력이 없기 때문입니다. 하나님은 아무것도 자랑할 것이 없는 사람을 쓰십니다. 그래서 누구든지 예수 믿기만 하면 전과자나 술꾼이나 이방 종교를 믿던 사람도 모두 다 예수를 믿고 영생을 얻을 수 있습니다.

2. 하나님의 출입증

복음은 단순히 우리가 이 세상에서 선하게 살고 다른 사람에게 좋은 영향력을 주는 것이 아닙니다. 복음은 하나님의 모든 비밀을 다 찾아내는 것이고 하나님 앞에까지 나아가는 것입니다. 즉 복음은 하나님의 마패인 것입니다. 우리는 이 복음을 가지고 사탄도 통과하고 불도 통과하고 죽음도 통과하고 천사도 통과해서 하나님 앞에 나아가는 것입니다. 이 세상에서 하나님 앞에 나아갈 수 있는 것은 오직 복음밖에 없습니다.

3:9, "영원부터 만물을 창조하신 하나님 속에 감추어졌던 비밀의 경륜이 어떠한 것을 드러내게 하려 하심이라"

도대체 하나님의 비밀 계획이라면 얼마나 엄청난 것이겠습니까? 다른 종교를 가진 사람 중에는 이것을 몰라서 윤회를 주장하기도 합니다. 그래서 어떤 사람은 다른 사람과 너무 친하면 전생에 우리가 부부였는지도 모르겠다고 말하기도 합니다. 그리고 어떤 심리학자들은 최면을 통해서 전생을 체험하게 해주기도 합니다. 그러나 그런 것은 전부 다 엉터리입니다.

하나님은 우리를 어머니 뱃속에서 처음 창조하셨습니다. 그리고 하나님은 우리가 구원받을 자로 예정하셨습니다. 이것이 바로 하나님의 비밀입니다. 그래서 처음에 우리는 하나님의 계획을 모릅니다. 단지 '왜 내 인생이 내가 원하는 대로 풀려가지 않을까?' 불평만 합니다. 그런데 나중에 보면 그것이 모두 다 나를 예수 믿게 하는 과정인 것을 알게 됩니다. 그래서 너무 늦게 믿는 것보다는 어렸을 때 예수 믿는 것이 너무 좋습니다.

3:10, "이는 이제 교회로 말미암아 하늘에 있는 통치자들과 권세들에게 하나님의 각종 지혜를 알게 하려 하심이니"

우리는 하나님의 비밀을 여러 가지 방법으로 알 수 있습니다. 우리는 혼자 성경을 읽으면서 깨닫기도 하고 유학 가서 공부하면서 깨닫기도 합니다. 그러나 하나님의 비밀을 가장 분명하고 풍성하게 깨닫는 방법은 교회에서 하나님의 말씀을 듣는 것입니다. 우리가 교회에서 하나님의 말씀을 들을 때 성령의 불도장을 가슴에 찍히게 되는데, 이것이 바로 하나님의 마패입니다. 예수님은 세례 요한 이후로 천국은 침략을 당한다고 말씀하셨습니다(마 11:12). 우리가 하나님의 말씀을 깨달은 순간부터 천국의 비밀을 향하여 달리기 시작하는 것입니다. 그때 우리는 천사들을 통과하게 됩니다.

여기에 보면 "하늘에 있는 통치자들"도 나오고 "권세들"도 나옵니다. 이들은 천사들을 말하는데, '하늘에 있는 통치자' 는 세상의 왕이나 수상이나 주석 같은 이 세상 통치자를 컨트롤 하는 천사입니다. 그리고 '권세들' 은 무력을 쓸 수 있는 천사입니다. 그들은 엄청난 공격을 퍼부을 수 있는 권세를 가진 천사들입니다. 그런데 이 천사들도 모르는 것이 하나님의 일급 비밀입니다. 그러나 우리는 하나님 앞에 달려가서 모든 좋은 축복을 다 가지게 되는 것입니다. 그래서 교회는 사람들이 욕하고 업신여기는 것처럼 단순한 사람들의 모임이 아닙니다. 교회는 하나님의 지부이고 하나님께 나아가는 마패를 얻는 곳입니다. 교회에서 하나님의 진리가 선포되어야 폭이 넓고 깊이 있으며 하나님에게까지 나아갈 수 있는 힘을 얻게 됩니다.

3. 담대함과 확신

우리가 어떤 곳에 높은 사람을 만나러 갔을 때 미리 약속되어 있고 상대방이 나를 기다리고 있다는 것을 알면 당당하게 입구를 통과해서 안으로 들어갈 것입니다. 그러나 미리 약속되어 있지 않고 또 자기를 만나줄지 안 만나줄지 자신이 없으면 입구에서 망설이게 될 것입니다.

하나님의 나라에는 우리에게 주실 엄청난 비밀들이 많이 있습니다. 이것이 세례 요한 이후로는 얼마든지 예수 믿는 자는 들어가서 가질 수 있게 되었습니다. 그러나 예수 믿지 않는 사람은 자신이 없어서 기웃거리다가 쫓겨나고 말 것입니다.

3:11, "곧 영원부터 우리 주 그리스도 예수 안에서 예정하신 뜻대로 하신 것이라"

우리가 하나님의 축복을 받고 병 치료를 받고 영생을 얻는 것은 영원 전부터 예수님 안에서 정해진 것입니다. 그래서 우리 이름만 갖다 대고 예수 안에 있다는 것만 확인되면 우리는 당장 들어가서 좋은 것을 다 가지고 나올 수 있게 됩니다. 존 번연이 쓴 《천로역정》에 보면 그 안에는 투구도 있고 칼도 있고 방패도 있고 신발도 있고 모든 것이 다 있습니다. 우리는 지혜도 필요하고 건강도 필요하고 자신감도 필요합니다. 우리는 하나님의 잔치에 들어가서 모든 좋은 것을 예수 이름으로 다 가지고 나올 수 있습니다.

3:12, "우리가 그 안에서 그를 믿음으로 말미암아 담대함과 확신을 가지고 하나님께 나아감을 얻느니라"

우리는 지금 가지고 있는 것이 아무것도 없습니다. 그렇다고 해서 천국 문이 우리 눈에 보이는 것도 아니고 우리가 하나님께 얻을 수 있는 것이 무엇인지도 모릅니다. 그때 필요한 것은 '믿음'입니다. 우리는 의심하지 말고 믿으면 됩니다. 도대체 무엇을 믿어야 합니까? 아버지께서 우리가 좋은 것을 주실 줄 믿어야 합니다.

"너희가 악한 자라도 좋은 것으로 자식에게 줄 줄 알거든 하물며 하늘에 계신 너희 아버지께서 구하는 자에게 좋은 것으로 주시지 않겠느냐"(마 7:11).

"우리가 알거니와 하나님을 사랑하는 자 곧 그의 뜻대로 부르심을 입은 자들에게는 모든 것이 합력하여 선을 이루느니라"(롬 8:28).

하나님은 결국 모든 좋은 것을 우리에게 주실 것입니다. 그래서 우리는 망설이거나 주저하지 말고 담대함과 확신을 가지고 하나님께 나아가야 합니다. 그래서 사도 바울은 감옥에서 죽음을 앞두고 있었지만 교인들에게 낙심하지 말라고 격려합니다.

> 3:13, "그러므로 너희에게 구하노니 너희를 위한 나의 여러 환난에 대하여 낙심하지 말라 이는 너희의 영광이니라"

사도 바울은 매우 열악한 환경에 처해 있습니다. 그는 감옥에 갇혀 있고 이불이나 침대도 없이 볏단 같은 것을 깔고 잠을 자고 있습니다. 그는 아침마다 죄수들의 변을 치워야 합니다. 그는 하기 싫은 노동도 해야 합니다. 복음의 사도가 이런 취급을 당하면 낙심할 수 있습니다. 그럼에도 우리에게 낙심하지 말라고 말합니다. 왜냐하면 사도 바울은 마패를 가지고 있기 때문입니다. 하나님 앞에 바로 나아갈 권리가 있습니다. 그리고 지금 고생한 것이 나중에 큰 영광으로 나타나게 될 것입니다.

우리 성도들은 지금 고생하는 것으로 낙심하지 말고 장차 나타날 큰 영광을 믿으시기 바랍니다. 모든 것을 믿으십시오. 하나님의 선하심을 믿으시고 신실하심을 믿으시고 사랑을 믿으시기 바랍니다.

12

새로운 지위

에베소서 3:14-21

얼마 전에 우리나라 어떤 사람이 새로운 관상용 닭을 개발해서 돈을 많이 벌었다는 기사를 읽은 적이 있습니다. 우리가 보통 닭이라고 하면 치킨 요리를 만들기 위해서 집단적으로 키우는 닭을 생각하게 됩니다. 그래서 닭이 자란 지 몇 달이 되면 한꺼번에 전부 죽여서 털을 뽑고 내장을 제거한 후에 기름에 튀기든지 양념에 볶든지 해서 배달하는 사람들이 주문한 집에 갖다 주게 됩니다. 그런 닭은 이름도 없습니다. 그런데 우리나라 사람이 새로 개발한 닭은 먹기 위한 닭이 아니라 관상용 닭입니다. 조금 작고 예쁘게 만들어서 집 안에서 보고 키우는 닭입니다. 물론 그 닭은 이름도 있고 절대로 잡아먹지 않습니다.

그런 의미에서 엄청난 지위의 변화를 경험한 것이 애완용 개입니다. 제가 어렸을 때만 해도 개는 어디까지나 개였습니다. 그래서 집 안에는 절대로 못 들어옵니다. 그런데 언제부턴가 개를 집 안에서 키우고 옷도 입히고 신발도 신기고 가족처럼 키우더니 이제는 아예 개가 식구들 서열까지 정해서 자기보다 서열이 낮은 식구는 우습게 안다는 것입니다. 물론 그런 개는 이름이 있고 절대로 잡아먹지 않습니다. 그리고 개가 늙어서 죽으면 주인은 쇼크를 받아서 입원까지 하고 장례식까지 치러 줍니다. 어떤 자매는 개들도 분명히 천국이 있을 것이라고 이야기하기도 합니다.

사람 중에 갑자기 엄청나게 지위나 신분이 올라가는 사람이 있습니다. 미국이나 우리나라의 경우 대통령 후보가 일단 대통령에 당선되기만 하면 대통령에 준하는 경호를 받게 되고, 그의 일거수일투족을 기자들이 따라다니면서 취재하고 정권인수위원회를 만들어서 내각을 만들 준비를 합니다. 그리고 군대에서도 대령으로 있던 사람이 별을 달게 되면 대우가 엄청 많이 달라집니다. 부관이 생기고 방이나 차에 별판을 달게 됩니다. 그리고 권총을 찰 수 있게 되고 대통령으로부터 칼을 받게 됩니다.

우리가 오늘 본문 말씀만 읽으면 어려워서 무슨 내용인지 이해하기 어렵습니다. 그런데 우리가 예수 믿고 난 후에 우리에게 일어나는 신분의 변화를 생각하면 금방 이해할 수 있습니다. 우리가 예수 믿기 전에는 죄의 노예였습니다. 보통 감옥에 있는 죄수들에게는 이름이 없습니다. 그 대신 전부 '1350번!' 이런 식으로 번호로 부릅니다. 왜냐하면 죄수들은 사람 취급을 받지 못하기 때문입니다. 노예들도 이름이 없습니다. 그런데 이 죄수들이 석방되고 또 대통령이나 대재벌의 아들로 입양된다면 그때는 이름만 있는 것이 아니라 그 모든 권세와 영광을 얻게 됩니다.

1. 이름을 부르신 하나님

우리나라에 자기 이름을 바꾸겠다고 법원에 신청한 사람들이 제

법 있습니다. 그 사람들의 이름을 한번 보고는 정말 이름을 바꾸어야 겠다는 생각이 들었습니다. 왜냐하면 부모가 술에 취해서 이름을 짓지 않고는 그런 이름을 도저히 지을 수 없을 것 같은 이름들이 많이 있었기 때문입니다. 어떤 사람 이름은 '바보'도 있었고, '개자식'도 있었고 '망할 놈'도 있었습니다. 저는 그들의 부모가 참 이상한 사람이라고 생각했습니다. 옛날에 어떤 사람은 이름이 '만권'이었습니다. 만 가지 권세니까 얼마나 좋습니까? 그런데 동생이 태어났습니다. 부모는 이보다 더 좋은 이름은 없다고 생각해서 '또만권'이라고 지었습니다. 그런데 또 동생이 태어났습니다. 그래서 부모는 이름을 '또또만권'이라고 지었습니다. 제가 어느 날 출석을 부르는데 이름이 '최또또만권'이었습니다. 그래서 우스개로 "네 형은 또만권이냐?"고 물었더니 그렇다고 대답을 했습니다.

지금 우리가 쓰는 이름은 부모님이 지어주신 이름이고 이 세상에서 통하는 이름입니다. 그러나 하나님께서 불러주시는 이름이 있습니다. 이 이름은 너무나도 중요하고 큰 뜻이 들어있습니다. 그래서 사도바울은 하나님이 우리의 이름을 지어서 불러주실 때 너무나도 엄숙한 순간이기 때문에 무릎을 꿇고 기도하고 있습니다. 즉 우리가 모두 성도 이름의 가치를 깨닫고 그 이름에 맞도록 살아야 할 것입니다.

3:14-15, "이러므로 내가 하늘과 땅에 있는 각 족속에게 이름을 주신 아버지 앞에 무릎을 꿇고 비노니"

사도 바울은 하늘에 있는 천사들에게도 이름을 주시고 땅에 있는 성도들에게도 이름을 주시는 하나님 앞에 무릎을 꿇고 기도를 드리고 있습니다. 성경에는 하나님께서 직접 이름을 불러주신 사람이 있습니다. 그중에 '아담'이 있습니다. 하나님은 아담에게 "아담아, 네가 어디 있느냐?"고 부르셨습니다. 하나님은 죄를 지은 아담에게 '1번 죄수'라고 부르지 않고 아담의 이름을 부르신 것은 그를 새로운 사람으로 쓰시겠다는 뜻입니다. 하나님은 이후에 아담을 복음 전하는 자로 쓰십니다.

하나님은 '아브라함'의 이름을 지어주셨습니다. 이것은 많은 족속의 아버지로 쓰신다는 것입니다. 그런데 모세의 이름은 애굽의 공주가 지어주었습니다. 그러나 모세가 광야에서 사십 년을 방황한 후 하나님께서 불타는 떨기나무에서 모세의 이름을 부르셨습니다. 그리고 모세는 위대한 하나님의 종이 되었습니다. 하나님은 성막에서 사무엘의 이름을 부르셨습니다. 그리고 사무엘은 위대한 선지자가 되었습니다. 예수님은 다메섹으로 가는 사울의 이름을 부르셨습니다. 그리고 사울은 위대한 복음전도자요, 사도가 되었습니다. 그래서 하나님께서 우리의 이름을 부르신다는 것은 너무나도 위대한 일이기 때문에 사도 바울은 무릎을 꿇고 기도하고 있는 것입니다.

3:16, "그의 영광의 풍성함을 따라 그의 성령으로 말미암아 너희 속사람을 능력으로 강건하게 하시오며"

여기 "영광의 풍성함"이라는 것은 하나님의 부와 능력과 지혜가 무궁무진한 것을 말합니다. 그래서 하나님께서 우리의 이름을 불러주시면 세상 사람들은 도저히 알 수 없는 하나님의 무궁무진한 계시와 능력과 축복을 사용할 수 있게 되는 것입니다.

아담은 한 번 죄를 짓고 이 세상에 죄를 끌어들였지만 그 후에 900년간 살면서 하나님의 말씀을 후손에게 전한 것 같습니다. 하나님께서 모세의 이름을 부르고 나신 후 모세는 무궁무진한 기적을 베풀었습니다. 그는 강이 피가 되는 재앙에서부터 시작해서 애굽에서 장자가 모두 죽는 재앙까지 일으켰고 홍해를 갈라지게 했습니다. 사무엘은 하나님께서 그의 이름을 부르신 후 미스바에서 대회개운동을 일으

컸고 블레셋 군대가 치러왔을 때 하늘에서 우박이 떨어져 블레셋 사람들을 죽이게 했습니다. 사울은 예수님께서 그의 이름을 부르신 후 전무후무한 계시의 말씀을 깨달았고 가는 곳곳마다 큰 부흥을 일으켰고 병자를 고쳤습니다.

또한 "그의 성령으로 말미암아 너희 속사람을 능력으로 강건하게 하시오며"라고 했습니다. 우리가 바라는 것은 속사람이 강건해지는 것이 아니라 겉사람이 강건해지는 일일 것입니다. 요즘 많은 사람이 겉사람이 강건해지기 위해서 피트니스 클럽 같은 곳에 가서 몸매를 열심히 만들고 있습니다. 그런데 왜 사도 바울은 속사람이 강건하게 되기를 원한다고 말했을까요? 사람들에게 필요한 것은 우리의 몸매가 아니라 우리의 말이기 때문입니다. 우리가 하나님의 말씀을 전할 때 사람들은 우리의 외모에 대해서는 잊어버립니다. 왜냐하면 하나님의 말씀 자체가 너무나 권세가 있고 매력적이어서 우리 인생을 변화시키기 때문입니다.

우리가 하나님의 말씀을 전할 때에는 성령님이 함께 말씀하십니다. 그래서 인간적으로 말을 잘하거나 못하는 것은 큰 의미가 없습니다. 왜냐하면 성령님이 말씀하신 것이 듣는 이의 마음을 고치기 때문입니다.

2. 우리 안에 계신 예수

우리는 정말 예수님이 어디에 계신지 몰라서 어려울 때가 많이 있습니다. 만일 우리가 예수님의 제자들처럼 갈릴리에서 예수님을 따라다닌다면 걱정할 것이 없을 것입니다. 예수님이 말씀하시는 것을 듣고 전하기만 하면 되고 또 병자들이 아무리 많아도 예수님에게 데리고 오면 예수님이 다 고치실 것입니다. 그러나 예수님이 하늘에 올라가신 지금 우리는 어디서 예수님의 도움을 받을 수 있습니까? 예수님은 우리 안에 계신다고 했습니다.

3:17상, "믿음으로 말미암아 그리스도께서 너희 마음에 계시게 하시옵고"

소돔과 고모라에서는 롯의 집안에 천사가 있는 줄 모르고 동성애자들이 문을 부수고 들어가려고 하다가 천사들이 그들의 눈을 다 멀게 만들어버렸습니다. 히스기야 왕 때는 하나님이 예루살렘 성전에 계신 줄 모르고 앗수르 군대가 예루살렘을 향해서 욕하고 조롱하다가 천사가 내려와서 하룻밤 사이에 18만 5천 명이나 죽였습니다.

우리는 예수님이 내 안에 계신 것을 믿으면 됩니다. 이스라엘 백성은 하나님이 자기들 안에 계신 것을 의심했습니다. 그것이 바로 하나님을 시험하는 것이었습니다. 하나님이 과연 우리 교회에 계실까 안 계실까 의심하는 자체가 하나님을 시험하는 것입니다. 하나님이 우리 집에 계실까 안 계실까 의심하는 것이 하나님을 불신하는 것입니다. 하나님을 불신하는 것은 불합격 신앙입니다. 이스라엘 백성은 여호수아와 갈렙만 빼고는 전부 불합격당했습니다.

우리는 하나님이 우리 안에 계신다는 것을 믿으면 됩니다. 그러면 주님이 나오셔서 어려운 자들을 물리치시는 것입니다. 바른 하나님의 말씀만 증거되고 우리가 교만하지 않으면 그리스도가 우리 안에 계십니다. 그러나 교만하고 똑똑한 자들에게는 그리스도가 그 안에 계시지 않습니다. 그리스도가 계시면 이상하게 어려움이 해결됩니다. 그래서 예수님이 우리 안에 계신 것을 의심하면 안 됩니다.

3:17하, "너희가 사랑 가운데서 뿌리가 박히고 터가 굳어져서"

나무를 처음 옮겨심으면 뿌리가 약해서 흔들리고 뽑히기 쉽습니다. 나무도 사람과 비슷해서 옮겨심으면 병에 걸리기 쉽습니다. 그래서 나무를 옮겨심은 후에는 나뭇가지에 수액 같은 것을 붙여서 영양을 공급하고 병에 걸리지 않게 하고 물을 자주 주어야 합니다.

한번은 큰 홍수가 지난 후에 강가의 도로가 완전히 황폐하게 되었습니다. 그때 시에서는 길가에 벚나무를 엄청나게 많이 심고 매일 트럭이 와서 물을 주었습니다. 그렇게 하기를 몇 년 동안 계속했습니다. 제가 한 번씩 지나가는 길이어서 자주 보았는데, 처음 심었을 때는 모두 어린 나무여서 꽃이 거의 피지 않았습니다. 그런데 이십 년이 지난 지금에 보니까 모두 큰 나무가 되었습니다. 그리고 엄청나게 예쁜 꽃이 많이 피었습니다.

이것은 우리 신앙에도 마찬가지입니다. 처음 예수 믿을 때는 신앙이 약해서 자주 흔들리고 넘어지기도 하지만 그리스도를 마음에 모시고 말씀을 자꾸 먹으면 굉장히 장성한 신앙으로 만들어지게 됩니다. 그래서 터가 튼튼하게 굳어져서 아무리 비가 많이 오고 바람이 불어도 뿌리가 뽑히지 않고 든든히 서 있게 되는 것입니다.

3. 그리스도의 사랑

우리 예수 믿는 사람에게는 사랑이 더 필요할까요, 아니면 능력이 더 필요할까요? 아무래도 우리에게는 능력이 더 필요하다고 생각합니다. 왜냐하면 이 세상에는 매일 싸움이 있기 때문입니다. 정신적인 싸움이 있고 말싸움이 있고 육체적인 싸움도 있습니다. 그런데 많은 사람이 싸우는 원인을 살펴보면 능력이 없어서 그런 것이 아니라 사랑이 없어서 싸울 때가 많습니다. 그래서 그리스도인들은 예수님의 사랑을 아는 것이 중요합니다.

우선 예수님의 사랑은 우리 인간의 지식을 훨씬 능가합니다.

3:18, "능히 모든 성도와 함께 지식에 넘치는 그리스도의 사랑을 알고"

우리 인간이 가지고 있는 지식은 합리적인 것입니다. 그래서 자기가 이해할 수 있는 범위 내에서 다른 사람의 의견을 받아주는 것입니다. 그래서 사람들이 말하는 정의라는 것은 엉터리가 많습니다. 예를 들어서 어떤 교사가 자기 딸을 위해서 부정행위를 하는 것도 정의가 되는 것입니다. 자신이 문제를 미리 빼돌렸지만 딸들이 열심히 공부해서 그렇다고 하면 증거가 없으니 뭐라고 할 수 없는 것입니다. 이것은 정치에 있어서는 더욱 그렇습니다. 자기 당이나 자기 파벌을 위한 것은 정의입니다. 어떤 때는 성추행을 해도 정의라고 합니다. 오히려 피해를 입은 여성을 꽃뱀이라고 비난하기도 합니다. 그러나 모든 그리스도인이 가지고 있는 그리스도의 사랑은 인간의 그런 합리성을 훨씬 능가합니다. 왜냐하면 하나님은 사람의 중심을 보시기 때문입니다.

그런데 하나님의 사랑은 인간이 이해하거나 받아들일 수 있는 것을 능가하는 것입니다. 우리가 생각하기에 저런 죄인은 도저히 받아들일 수 없다고 하거나 저런 죄는 성도들에게 절대로 용납될 수 없다고 생각되는 것도 예수님은 받아주시는 것입니다. 그 대표적인 예가 요한복음 8장에 나오는 현장에서 간음하다가 잡혀 온 여자입니다. 율법에 의하면 그런 여자는 돌로 치라고 했습니다. 사람들이 예수님께 이 여자를 어떻게 하면 좋으냐고 물었습니다. 예수님은 그들의 얼굴을 보지 않고 고개를 숙이시고 땅에 글을 쓰셨습니다. 그리고 예수님은 그들에게 "너희 중에 죄 없는 자가 먼저 돌로 치라"고 하셨습니다. 그런데 놀라운 것은 남자들 중에서 죄 없는 자가 한 명도 없었던 것입니다. 그들은 아무도 돌을 던지지 못하고 집으로 돌아갔습니다. 예수님도 이 여자에게 "나도 너를 정죄하지 않겠다"고 말씀하셨습니다.

우리는 모든 사람이 변할 수 있다는 것을 믿어야 합니다. 요한복음 4장에 나오는 수가성의 우물가 여인은 예수님을 만난 후 예수님을 메시야라고 전하는 위대한 교인이 되었습니다.

예수님의 사랑은 어떤 사랑입니까?

3:19, "그 너비와 길이와 높이와 깊이가 어떠함을 깨달아 하나님의 모든 충만하신 것으로 너희에게 충만하게 하시기를 구하노라"

먼저는 사랑의 "깊이"입니다. 우리는 간혹 마음속 깊은 곳에 상처를 입을 때가 있습니다. 열등감이 있거나 자기를 무시하고 뺨을 때렸다든지, 돈을 빌리면서 심한 모욕을 당했다든지, 아니면 가족 중에 누군가가 자살했다든지 하면 그 상처가 쉽게 없어지지 않습니다. 그러나 예수님은 이런 우리의 깊은 상처까지 치유하십니다.

그리고 "너비"입니다. 우리는 죄를 지으면 한 가지만 아니라 종류대로 짓습니다. 술도 마시고 담배도 피우고 노름도 하고 도둑질도 하고 우상도 찾고 하면서 하나님이 싫어하는 짓은 반항심으로 일부러 골라서 합니다. 그러나 예수님의 사랑이 얼마나 넓으신지 그것을 전부 다 용서하십니다.

그리고 세 번째는 "길이"입니다. 우리의 방황하는 기간이 깁니다. 어떤 사람은 청소년 때부터 어른 때까지 방황하기도 합니다. 하나님은 그동안도 계속 부르셨지만 우리는 계속 반항했던 것입니다. 그러나 예수님은 아무리 반항의 기간이 길어도 다 용서해주십니다.

그리고 마지막으로 사랑의 "높이"입니다. 예수님은 우리를 아주 높은 자리로 데리고 가십니다. 예수님은 우리를 이 세상의 시시한 자리에서 잘난 체하게 하시는 것이 아니라 하나님의 세계에서 천사들 사이에서 하나님의 뜻을 이해하게 하시는 것입니다.

"그의 힘의 위력으로 역사하심을 따라 믿는 우리에게 베푸신 능력의 지극히 크심이 어떠한 것을 너희로 알게 하시기를 구하노라"(엡 1:19).

이 세상에서 가장 어려운 것이 사람이 변하여 예수 믿는 것입니다. 그런데 하나님은 우리 인생에 조금씩 다가오셔서 결국 우리를 변화시키시고야 마는 것입니다.

3:20, "그의 능력이 그리스도 안에서 역사하사 죽은 자들 가운데서 다시 살리시고 하늘에서 자기의 오른편에 앉히사 모든 통치와 권세와 능력과 주권과 이 세상뿐 아니라 오는 세상에 일컫는 모든 이름 위에 뛰어나게 하시고"

예수님은 철장으로 세상의 모든 힘 있는 자들을 다 부수어 깨트리실 수 있습니다. 그러나 예수님은 어느 누구와도 혈기로 싸우지 않으셨습니다. 오직 하나님의 능력으로 죽은 자 가운데서 다시 살아나셔서 하나님의 보좌 우편에 앉으시고 이 세상에서 힘을 가진 자들을 다스리는 천사들을 복종케 하십니다. 그 천사들은 통치와 권세와 능력과 주권입니다.

그런데 예수님은 그들을 모두 발아래 복종하게 하시고 교회의 머리가 되셨습니다. 예수님과 우리는 한 몸이기 때문에 우리도 예수님처럼 오직 성령의 능력으로 세상을 이겨야 합니다. 우리는 많은 경우 지는 것이 이기는 때가 많습니다. 우리는 굳이 힘으로 다른 사람들을 이길 필요가 없습니다. 왜냐하면 우리가 지면 질수록 하나님은 하나님의 충만한 은혜로 우리를 채워주시기 때문입니다. 하나님은 만물을 충만케 하는 충만으로 우리를 채워주실 것입니다.

13

천국인의 표시

에베소서 4:1-8

우리는 가끔 어떤 사람이 입은 옷이나 표시를 통해서 그 사람의 소속을 알 수 있습니다. 예를 들어서 머리를 깎고 승복을 입은 사람은 불교 스님입니다. 또 병원에서 하얀 가운을 입고 넥타이를 매고 있으면 의사 선생님일 것입니다. 최근 코로나 와중에 새로운 옷을 보게 되었는데 바로 방호복입니다. 우주복같이 생겼는데 그것을 입으면 코로나 균이 침투하지 못합니다. 그리고 구조대원들은 오렌지색 옷을 입고 긴급 출동하는 것을 볼 수 있습니다.

우리나라 중고등학생들은 입은 교복을 보면 어느 학교 학생인지 금방 알 수 있습니다. 우리나라 여중·고생들은 손톱에 색칠하지도 못하고 눈 밑에 가짜 눈썹을 붙이지도 못하고 화장하거나 높은 구두를 신을 수 없습니다. 기껏 해봐야 치마 길이로 멋을 내는 것입니다. 또 우리나라 군인들의 군복은 육군, 해군, 공군, 해병대가 서로 달라도 계급장은 디자인이 똑같습니다. 그래서 계급장으로 통일됩니다. 그런데 교복을 입은 학생들은 학생다운 행동을 해야 하고 군복을 입은 군인들은 군인다운 행동을 해야 합니다.

　옛날 우리나라 불교는 하나 되지 못했습니다. 그래서 절에 가면 일본식 중 옷을 입고 있는 사람도 있고 점을 치는 사람도 있고 한국식 불교 옷을 입고 있는 사람들도 있습니다. 그래서 우리나라 불교가 이렇게 엉망이 되어서는 안 된다고 해서 유명한 승려 성철, 청담 등등이 중심되어서 문경의 김룡사라는 절에 모여서 옷을 통일하고, 식사하는 그릇은 나무로만 하고, 결혼은 해서는 안 되며, 머리는 삭발하고, 절에는 부처와 제자들의 그림만 붙이도록 결정했습니다. 이것이 우리나라 불교를 하나 되게 하는 큰 변화였습니다.

　그런데 예수님께서는 이 세상에 오셔서 하나님의 나라를 세우셨습니다. 그렇다면 우리가 과연 하나님 나라의 백성인 표시가 어디에 있을까요? 이런 의미에서 가장 표시가 잘 나는 사람들은 천주교 사제나 수녀일 것입니다. 수녀는 검은 옷과 치마를 입고 머리에 두건을 쓰기 때문에 금방 알 수 있습니다. 또 신부도 항상 검은 옷을 입고 목에는 로만 칼라를 하고 또 주교나 대주교 같은 사람들은 허리에 붉은 줄을 매기 때문에 금방 그 신분을 알 수 있습니다.

　그러나 개신교에서는 목사나 장로나 평신도가 일반인들과 구별되는 표시가 전혀 없습니다. 그래서 개신교 교인들은 겉모습을 봐서는 믿지 않는 사람들과 전혀 구별되지 않습니다. 어떤 사람은 식사할 때 식사 기도를 하는 것으로 표시난다고 하는데 요즘은 너무 빨리 기도하든지 하지 않든지 하기 때문에 그것으로도 표시가 나지 않습니다. 또 예수 믿는 사람들은 담배를 피우지 않는 것으로 구분이 된다고 하는데 사실은 교인 중에 담배 피우는 사람도 있을 것입니다. 이렇게 유독 예수 믿는 사람들만 표시가 나지 않는 것입니다.

1. 그리스도인의 합당한 모습

어떤 여성은 목걸이를 할 때 언제나 십자가 목걸이를 했습니다. 그래서 그 여성은 신앙이 아주 좋은 분인 줄 알았는데 나중에 알고 보니까 그냥 십자가 모양이 좋아서 그 목걸이를 하고 다닌다는 것입니다.

사도 바울은 지금 하나님의 복음을 전하느라고 유대인들에게 고소를 당해서 로마에 있는 감옥에 갇혀 있습니다. 사실 누구든지 감옥에 갇혀 있다는 것은 명예롭지 못한 모습입니다. 그러나 사도 바울은 감옥에 갇혀 있으면서도 당당했고 그것은 그에게 전혀 부끄러운 일이 아니었습니다. 사도 바울은 감옥에 갇혀 있는 형편에서 모든 그리스도인에게 "너희는 하나님의 부르심에 합당한 생활을 하라"고 권면하고 있습니다.

> 4:1, "그러므로 주 안에서 갇힌 내가 너희를 권하노니 너희가 부르심을 받은 일에 합당하게 행하여"

사도 바울은 적어도 하나님의 백성이라면 감옥에 갇히는 일 정도는 아무것도 아니라고 말씀하고 있습니다. 이 편지의 수신자 에베소 교인들은 옛날에는 엄청나게 술을 마시던 사람들이었고 우상숭배자들이었습니다. 그런데 그들이 사도 바울이 전하는 복음을 듣고 예수를 믿은 후 그들에게 성령이 임하게 되었습니다.

그러면 에베소 교인들이 하나님의 자녀로 부르심을 받았다면 하나님의 자녀다운 행동은 어떤 것일까요?

사도 바울은 지금 감옥에서 죄수복을 입고 있지만 하나님의 자녀 같은 모양으로 살고 있다고 말하고 있습니다. 감옥에서 인간으로 치면 가장 밑바닥의 인생으로 살아가고 있는데 어떻게 천사 같은 모습으로 행동할 수 있을까요? 사실 그것은 우리의 힘으로는 불가능합니다.

그러나 하나님의 나라와 이 세상은 가장 차이 나는 부분이 있습니다. 그것은 하나님의 나라는 생명수가 풍부한데 이 세상은 물이 없다는 것입니다. 하나님의 백성의 가장 중요한 특징은 옷이나 자세가 아니라 물입니다. 즉 우리 안에는 성령의 생명수가 언제나 철철 넘쳐 흘러간다는 것입니다. 그래서 우리는 이상한 옷을 입거나 묵주를 돌리거나 목탁을 두들길 필요가 없습니다. 사도 바울은 감옥에 갇혀 있지만 그의 중심에는 성령의 생명수가 콸콸 흘러넘치고 있습니다. 성령의 생명수가 넘치면 화가 나는 것도 참을 수 있고 오히려 웃거나 기뻐할 수 있고 다른 사람을 축복할 수 있습니다.

4:2, "모든 겸손과 온유로 하고 오래 참음으로 사랑 가운데서 서로 용납하고"

사람에게 가장 어려운 자세가 "겸손"입니다. 왜냐하면 겸손하면 약한 사람인 줄 알고 자기 마음대로 부려 먹으려고 할 것이기 때문입니다. 그런데 우리 안에 성령의 생명수가 넘치도록 흐르면 우리가 억지로 겸손하려고 해서 겸손한 것이 아니라 저절로 다른 사람의 생명을 귀하게 여기게 됩니다. 그래서 처음에는 우리를 무시해서 발로 차고 욕을 하고 못살게 굴던 사람이 세월이 흐르면서 변하게 됩니다. 이 세상에서 인간이 변하는 것보다 더 귀한 것은 없습니다. 그래서 이 세상에서 가장 그리스도인다운 행동은 겸손입니다. 우리가 입을 옷은 겸손입니다.

우리가 겸손하다는 것은 비굴한 것을 말하지 않습니다. 우리의 겸손은 이 세상에서 자신의 처지를 인정하는 것입니다. 부하면 부하로서, 종이면 종으로서 모습을 인정하는 것입니다. 학생은 학생으로 교수에게 대하는 것입니다. 그러면 사람들과 말이 통하기 시작하고 그들이 우리를 좋아하게 됩니다.

그리고 우리의 옷은 "온유"입니다. 여기서 온유는 부드러운 것을 말하지만 그냥 부드러운 것이 아니라 지혜롭게 부드러운 것을 말합니다. 예를 들어서 부하가 상사에게 어떤 잘못을 지적할 때 싸우려고 하듯이 하거나 책망하듯이 하면 상사는 굉장히 화가 나서 그를 아주 무례하고 이상한 사람으로 생각할 것입니다. 그런데 상사가 전혀 화나지 않도록 조심스럽게 이야기한다면 상사는 놀라면서 이 사람은 도대체 어떻게 된 사람이기에 이렇게 말하는 법을 배웠을까 하고 생각할 것입니다. 그리고 이 세상 사람들은 모두 고집이 있어서 금방 잘 변하지 않습니다. 그리고 무엇인가 이해하는데도 시간이 걸리게 되어 있습니다. 그래서 말을 한 번 던진 후 마구잡이로 밀어붙이는 것이 아니라 잠잠히 기다리면 아마 이해될 수 있을 것입니다. 그래서 이렇게 하는 사람은 처음에는 바보 취급을 받을지 몰라도 시간이 지나면 누구든지 좋아하게 되어 있습니다. 더욱이 그들이 같은 그리스도인일 때는 성령이 하나 되게 하신 것을 힘써 지켜야 합니다.

4:3, "평안의 매는 줄로 성령이 하나 되게 하신 것을 힘써 지키라"

이것은 절대로 원수가 되거나 서로 나누어지지 않는 것입니다. 아무리 손해를 보는 한이 있다 하더라도 하나 되게 하신 것을 굳게 지키는 것입니다. 이것이 바로 우리가 입어야 할 옷입니다.

2. 주님을 나타내는 사람들

우리 그리스도인들은 자기를 자랑하는 사람들이 아니라 하나님을 나타내고 주님을 나타내는 사람들입니다. 그런데 어디를 가더라도 예수 믿는 사람들은 겸손하고 부드럽고 오래 기다릴 줄 아는 사람이라면 사람들은 벌써 그들에게서 공통점을 발견하게 됩니다. 그것은 바로 이 사람들은 무엇인가 '하나의 정신'이 안에 있는 사람이라는 것입니다.

4:4, "몸이 하나요 성령도 한 분이시니 이와 같이 너희가 부르심의 한 소망 안에서 부르심을 받았느니라"

"몸이 하나"라는 말은 자기 몸끼리 치고박고 하지 않는 것을 의미합니다. 미친 사람은 자기 몸을 물어뜯고 할퀴고 때리고 자기를 해칩니다. 그래서 자기 자신에게 가장 위험한 적은 바로 자기 자신입니다. 예를 들어서 어떤 사람이 극단적인 선택을 했다면 그를 죽인 사람은 바로 자기 자신입니다. 그런데 하나님의 백성은 절대로 미치지 않습니다. 그래서 자기 몸을 해치거나 물어뜯지 않습니다. 왜냐하면 우리 온몸을 성령님이 채우고 계시기 때문입니다. 우리가 세상의 독을 먹고 몸이나 마음이 아프게 되었더라도 하나님이 성령을 더 부어주시기 때문에 성령이 흘러넘치게 되고 모든 독이 다 빠져나가게 됩니다.

그리고 우리는 "부르심의 한 소망"을 가지고 있습니다. 우리에게는 모두 소망이 있습니다. 그것은 우리가 이 세상에서도 말씀과 기도로 부흥이 일어날 때 하나님의 모든 좋은 복이 다 임하는 것입니다. 그리고 우리는 죽어도 소망이 있습니다. 그것은 우리가 다시 사는 것입니다. 우리는 우리 눈으로 우리를 만드신 하나님을 보게 되는 소망이 있습니다. 그래서 이 세상의 좋은 것이나 나쁜 것은 우리의 소망에 비하면 아무것도 아닙니다.

4:6, "하나님도 한 분이시니 곧 만유의 아버지시라 만유 위에 계시고 만유를 통일하시고 만유 가운데 계시도다"

"만유"라는 것은 우주를 말합니다. 우리가 겸손과 온유로 옷을 입을 때 우리는 하나님을 나타내게 됩니다. 하나님은 이 우주 만물을 만드신 아버지입니다. 우리는 아버지를 압니다. 하나님 아버지가 얼마나 크신 분입니까? 그리고 하나님 아버지가 얼마나 섬세하신 분입니까? 하나님은 찬양받으실 분입니다. 하나님은 우주가 미쳐서 충돌하지 않게 하십니다. 하나님은 우주에 질서를 정해놓으셔서 별들은 언제나 그 자리에 있고 태양은 언제나 그 열량을 보내고 있습니다.

그러나 요즘 지구 온난화로 지구는 조금씩 미쳐가고 있습니다. 중국에서는 엄청난 폭우가 쏟아졌고, 미국에서는 자주 허리케인이 오고 엄청난 눈 폭풍도 옵니다. 얼마 전에는 인도에서 빙하가 녹아서 떨어지는 바람에 댐이 터져서 많은 사람이 죽었습니다. 남극이나 북극이 녹고 있습니다.

3. 위로 올라가신 분

인간에게 가장 궁금한 것은 천국에 가본 사람이 아무도 없다는 것입니다. 그 이유는 천국에 올라가려고 하면 천국에서 누군가가 내려와서 마귀와 싸워서 이겨야 하기 때문입니다. 그리고 마귀에게 인질로 잡힌 자들을 다 풀어서 데리고 가야 합니다. 그리고 우리에게 선물을 주셔야 하는데, 그것이 바로 천국의 시민권입니다.

4:8, "그러므로 이르기를 그가 위로 올라가실 때에 사로잡혔던 자들을 사로잡으시고 사람들에게 선물을 주셨다 하였도다"

어느 나라든지 한번 포로로 사로잡혔던 자들을 다시 빼낸다는 것은 굉장히 어려운 일입니다. 포로를 잡은 나라는 포로를 빼앗기지 않기 위하여 국경에서 가장 먼 곳으로 그들을 옮겨서 일을 시키기 때문입니다. 우리나라도 6.25가 끝난 후에 북한과 포로 교환을 했습니다. 그런데 이 세상에서 가장 불쌍한 사람은 한번 포로 되었다가 또 다른 나라의 포로가 되는 사람일 것입니다. 이 사람들의 인생은 포로로 끝나게 될 것입니다.

그러나 하늘에서 내려온 장군이 있습니다. 이분은 하늘에서 이 세상에 내려오셔서 마귀와 싸움을 하셨습니다. 그래서 먼저 마귀의 포로가 되었던 자들을 다 잡아서 그들에게 천국 시민권을 선물로 주셨습니다. 그러나 마귀의 종노릇이나 하던 악한 자들은 마귀와 같이 영원한 지옥 불에 던져버리실 것입니다. 그래서 우리는 이 세상에서 절대로 마귀의 부하가 되어서는 안 됩니다. 비록 사도 바울같이 감옥에 갇히는 한이 있더라도 마귀의 종이 되면 안 됩니다. 예수님은 포로 된 자들을 다시 포로로 붙들어서 천국의 시민이 되게 하시는 것입니다.

우리는 이미 이 세상에 사는 데 익숙하므로 천국 시민으로 사는 것이 참 어렵습니다. 우리는 수시로 이 세상의 습관이 나오게 됩니다. 그러나 오래 훈련하고 연습하면 천국의 모습이 나오게 됩니다. 하나님의 아들은 우리에게 모든 귀한 선물을 다 주실 것입니다. 그중의 최고가 성령의 생수입니다. 성령의 생수를 한없이 마셔서 모든 속에 있는 분노와 상처가 다 치료되시기 바랍니다.

14

장성한 분량

에베소서 4:9-16

어떤 집에 가보면 벽에 눈금이 그어져 있는 것을 볼 수 있습니다. 그것은 그 집 어린 자녀의 키가 얼마나 자라는지 알아보기 위해 표시를 하는 것입니다. 그러다가 아이가 대학생이나 청년이 되면 더 이상 표시를 하지 않습니다. 이제는 다 큰 어른이 되었기 때문입니다. 또 어른이 되는 기준도 집집마다 다른 것을 볼 수 있습니다. 어떤 집에는 대학만 졸업하면 무조건 독립해야 하는 집도 있고, 어떤 집은 남자가 군대를 갔다 오면 독립해야 하고, 어떤 집은 결혼해서 새 가정을 이루어야 어른으로 인정하는 집도 있습니다.

코알라는 보통 늘 어미가 새끼를 등에 업고 나무에 올라가 있는데, 어느 순간 등에서 떨어트린다고 합니다. 그때는 새끼가 독립할 때가 되었기 때문입니다. 그 때 새끼 코알라는 혼자 다른 나무 위를 기어 올라가고 엄마는 다시는 새끼를 업어주지 않는다고 합니다.

어린아이들은 모두 어른이 되고 싶어 합니다. 어른이 되면 다른 사람의 간섭도 받지 않고, 자기가 하려고 하는 것을 할 수 있고, 돈도 많이 벌면 아무도 그를 우습게 여기지 못하기 때문입니다. 그래서 중고 학생들은 빨리 어른이 되고 싶어서 화장실 뒤에서 담배를 피우기도 합니다. 아마 담배를 피운다는 것이 그렇게 멋있게 보인다고 생각하는 것 같습니다. 얼마 전 어떤 9살 어린이가 어른처럼 차를 운전하고 싶었는지 엄마 차 키를 가지고 고속도로를 달려서 서울까지 갔는데 경찰이 막는 바람에 편의점을 들이박는 것으로 끝난 사건이 있었습니다.

어른 중에는 또 다른 의미의 어른이 필요할 때가 있습니다. 예를 들어서 나라 안에서 서로 싸우거나 정치가 엉망으로 돌아가거나 종교계 안에서 싸움이 일어났을 때 사람들은 우리나라에 어른이 없어서 이런 싸움이 일어난다고 말을 합니다. 이때 어른은 세상의 모든 이치를 다 알고 있고 미래를 예견하고 백성을 이끌고 나갈 수 있는 통찰력을 가진 인물을 말하는 것입니다.

이스라엘 백성은 애굽을 탈출해서 물도 양식도 없는 광야로 갔지만 모세나 아론 같은 어른이 있었기 때문에 한꺼번에 죽지 않고 살아남을 수 있었습니다. 바로 이런 어른들의 어른이 있어야 일반 사람들은 길을 잃어버리지 않고 모두 안전한 생명을 얻을 수 있는 길로 갈 수 있습니다.

1. 자라지 않는 사람들

《크리스마스 캐럴》이라는 책을 보면, 거기에 스크루지라는 노인이 나오는데 아주 인색하고 심술궂고 자기밖에 모르는 사람이었습니다. 그래서 날씨가 추워져도 땔감이 많이 든다고 하면서 직원을 추운 데서 일하게 합니다. 그는 하나밖에 없는 조카가 크리스마스 저녁에 오라고 해도 가지 않습니다. 그런 곳에 초대받아서 선물을 가지고 가면 손해이기 때문입니다. 스크루지는 나이가 많은 노인이었지만 정신적으로는 전혀 자라지 못한 어린아이였습니다. 요즘은 우리 사회에 이런 사람이 많아지고 있습니다. 어렸을 때 아버지가 알코올 중독자였거나 혹은 너무 이기적인 집안 분위기에서 자랐다면 그 사람은 정서적으로 자라지 않고 어린아이 같은 행동을 하게 됩니다. 그래서 나이가 들어도 유치한 행동을 하고 군대나 사회에서도 적응하지 못하는 경우가 많은 것입니다.

그런데 사실 우리 인간은 어느 정도 성장하면 정신적으로나 육체적으로 성장이 멈추어버립니다. 그래서 아무리 나이가 들어도 똑같은 생각을 하고 똑같은 상태에서 다람쥐 쳇바퀴 돌듯이 살아가는 것입니다. 오히려 나이가 들어버리면 알츠하이머라는 치매가 오는데 자기가 누구인지도 모르게 됩니다. 그런데 우리 인간이 영원히 늙지 않고 바보가 되지 않는 방법이 있습니다. 그것은 누군가가 하늘에 있는 생명수를 우리에게 가지고 와서 마시게 해주는 것입니다. 그렇지만 과연 사람 중에서 하늘까지 올라가서 생명수를 가져다 줄 사람이 있을까요? 그것은 불가능한 일입니다. 그런데 하늘에서 내려오신 분이 딱 한 분 계십니다. 이분이 우리를 바보가 되지 않게 하고 자라게 하십니다.

> 4:9-10, "올라가셨다 하였은즉 땅 아래 낮은 곳으로 내리셨던 것이 아니면 무엇이냐 내리셨던 그가 곧 모든 하늘 위에 오르신 자니 이는 만물을 충만하게 하려 하심이라"

예수님은 제자들이 보는 앞에서 하늘로 올라가셨습니다. 이것은 확실한 사실입니다. 왜냐하면 이것을 본 사람이 오백 명이 넘기 때문이고, 그리스도인들은 거짓말하지 못하기 때문입니다. 그런데 예수님께서 하늘에 오를 수 있었던 것은 그가 하늘에서 내려오신 분이었기 때문입니다. 그렇지 않고 평범한 인간이라면 어느 누구도 사람들이 보는 앞에서 하늘에 오를 수 없을 것입니다. 우리가 사는 이 세상에 어른들이 있다고 해도 그분들도 나이가 많이 드시면 돌아가십니다. 불교의 성철 스님, 천주교의 김수환 추기경, 기독교의 한경직 목사 같은 분들은 다 돌아가셔서 땅에 묻히든지 화장을 했습니다.

오직 예수님은 하나님의 아들이시고 우주의 창조자이시기 때문에 하늘에서 내려오셨습니다. 그런데 그 예수님께서 이 세상에 오실 때 가지고 오신 것이 바로 생명수 샘물이었습니다. 예수님은 이 생명수 샘물을 병에 넣어 오시거나 자기 배에 넣어 오시지 않았습니다. 예수님은 이 생명수 샘물을 성경책에 발라서 오셨습니다. 예수님이 오신 것은 "만물을 충만하게 하려 하심이라"고 했습니다. 지금 만물은 충만하지 못합니다. 이것은 사람의 숫자가 적다는 것이 아니라 정신적으로 너무 유치한 상태에 있다는 뜻입니다. 예수님은 성경책에 생명수 샘물을 바르심으로 그것을 읽는 자들로 하여금 어른이 되게 하십니다.

2. 교회의 위대함

요즘 사람들은 교회를 아주 우습게 생각해서 노골적으로 욕을 하거나 비난합니다. 그리고 어떤 사람은 교회에 나가지 않는 것을 자랑스럽게 생각하는 것을 보게 됩니다. 사실 이것은 교회 스스로가 자초한 것입니다. 목회자나 교인들이 교회를 빨리 부흥시키고 큰 교회가 되어서 사회나 선교에 영향을 미치려고 해서 생명수 샘물이 발려 있는 성경을 깊이 있게 가르치기보다는 사람들을 만나고 아주 유치한 설교를 한 결과이기도 합니다. 그러나 교회는 하나님의 생명수를 담고 있는 항아리와 같습니다. 겉으로 보기에는 토기로 만들었기 때문에 아주 싼 것 같지만 그 안에는 어마어마한 비밀이 감추어져 있는 것입니다.

예수님께서는 같은 하나님의 말씀이지만 여러 가지로 배우게 하셨습니다.

4:11, "그가 어떤 사람은 사도로, 어떤 사람은 선지자로, 어떤 사람은 복음 전하는 자로, 어떤 사람은 목사와 교사로 삼으셨으니"

"사도"는 보냄을 받은 자라는 뜻입니다. 이들은 예수님의 보냄을 받아서 교회의 기초인 성경을 기록했습니다. 또 "선지자"는 미래에 이루어질 일을 가르치는 자이지만 구체적인 많은 신앙적인 일을 선포하는 설교자라고 말할 수 있습니다. "복음 전하는 자"는 한 곳에 있지 않고 여러 곳을 다니면서 말씀을 전하고 교회를 세우는 사람입니다. 그리고 "목사와 교사"는 자기가 보냄을 받은 곳을 떠나지 않고 거의 죽을 때까지 있으면서 교인들을 돌보고 하나님의 말씀을 가르치는 사람을 말합니다. 목사와 교사가 같은 사람인가 다른 사람인가 하는 것은 큰 차이는 없습니다. 목사가 교사이기도 하고, 어떤 때는 교사는 아예 신학교 교수처럼 가르치는 일만 하는 사람을 말하기도 합니다.

4:12, "이는 성도를 온전하게 하여 봉사의 일을 하게 하며 그리스도의 몸을 세우려 하심이라"

주님은 같은 말씀을 여러 가지 방법으로 가르치신 이유에 대해, 12절에서 "성도를 온전하게 하여 봉사의 일을 하게 하며 그리스도의 몸을 세우려 하심이라"고 밝히고 있습니다. 하나님의 말씀이 없으면 우리는 바보가 될 수밖에 없습니다. 예수님은 내가 너희를 세상에 보내는 것은 어린 양을 이리 가운데 보내는 것과 같다고 하시면서 "뱀 같이 지혜롭고 비둘기 같이 순결하라"고 하셨습니다(마 10:16). 우리가 비둘기 같이 순결하다면 이리가 입에서 내뿜는 썩은 고기 냄새를 싫어해서 도망갈 것입니다. 그리고 뱀 같이 다리가 없어서 빨리 뛰지 못한다는 것을 안다면 바위 밑이나 나무 밑에 숨어있을 것입니다.

여기 "성도를 온전하게 하여"라고 했는데, 이것은 더 이상 우리는 바보가 아니라는 뜻입니다. 하나님의 생명수를 마신 사람은 바보가 아닐 뿐 아니라 하나님의 말씀을 자꾸 먹어야 살 수 있습니다. 또 "봉사의 일"이라고 했는데 일차적인 봉사는 하나님께 예배드리는 것입니다. 그래서 영어 성경에는 예배를 service로 번역하고 있습니다. 지금 교인들은 너무 정신적으로 어려서 예배를 자기에게 도움 되는 유익한 말씀을 듣는 시간으로 생각합니다. 그러나 구약시대에 예배를 드리려고 하면 짐승을 잡아서 죽여야 했습니다. 예배는 나의 욕망과 허영을 잡는 시간입니다. 그래서 그리스도의 몸을 세우는 것이 목적입니다. 즉 우리가 하나님의 말씀 안에서 자라다 보면 거대한 하나의 성이 보이게 되는 것입니다. 그것이 바로 그리스도의 나라이고 교회입니다.

3. 장성한 그리스도인

아이들이 어렸을 때는 집에서 간단한 심부름밖에 하지 못합니다. 힘이 없기 때문입니다. 그래서 밭에 심은 채소에 물을 주기도 하고 또 엄마가 심부름을 시키면 시장에 가서 두부 한 모나 무 같은 것을 사 오기도 합니다. 그런데 아이가 커서 어른처럼 되면 큰 나무에 도끼질해서 나무를 패기도 하고 또 아버지를 도와서 집을 짓기도 하고 장사를 하기도 합니다. 우리가 하나님의 말씀을 먹으면 이렇게 자꾸 자라게 됩니다.

4:13, "우리가 다 하나님의 아들을 믿는 것과 아는 일에 하나가 되어 온전한 사람을 이루어 그리스도의 장성한 분량이 충만한 데까지 이르리니"

예수님이 청년이 되셨을 때 그에게는 엄청난 능력이 나타났습니다. 그는 물로 포도주를 만들기도 하셨고, 맹인을 보게 하셨고, 보리떡 다섯 개로 오천 명을 먹이셨고, 성경에 기록된 말씀과 미처 기록되지 못한 말씀도 가르치셨습니다. 우리가 하나님의 말씀을 먹으면 하나의 정신을 가지게 됩니다. 즉 하나의 나라가 보이고 하나의 세계가 보이게 됩니다.

한때 예수님의 제자들은 하나님의 나라에서 서로 높은 자리를 차지하려고 싸우고 다투었습니다. 이것은 아직 하나가 되지 못한 것입니다. 사도 바울은 자기가 그리스도를 알고 보니까 그리스도를 아는 지식이 너무 고상해서 자기가 자랑하던 것을 배설물같이 버렸다고 했습니다(빌 3:8). 우리가 하나님 한 분만 바로 믿어도 이 세상에 있는 것을 다 가지는 것보다 더 부자가 됩니다. 우리에게 무엇이 중요한지 그리고 무엇이 필요한지 다 아는 것입니다.

그러면 우리가 "그리스도의 장성한 분량이 충만한 데까지 이르"게 된다고 하는데 이것은 무슨 뜻입니까? 물론 우리 한 사람 한 사람 개인은 그리스도와 같아질 수 없습니다. 그러나 교회가 함께 하나님의 말씀으로 충만하여지면 마치 질그릇 안에 기름이 꽉 차듯이, 예수님이 교회 안에 계신 것처럼 됩니다. 그래서 기도도 기적적으로 응답되고 병도 낫고 전쟁도 이기는 힘이 나타나게 됩니다. 그래서 우리의 목적은 어떻게 해서든지 교회가 그리스도로 충만하여지도록 하는 것입니다.

그러면 일단 우리가 어린아이같이 사람의 속임수와 간사한 유혹에 흔들리지 않게 됩니다.

4:14, "이는 우리가 이제부터 어린 아이가 되지 아니하여 사람의 속임수와 간사한 유혹에 빠져 온갖 교훈의 풍조에 밀려 요동하지 않게 하려 함이라"

어린아이들은 누군가가 무슨 말을 하기만 하면 믿습니다. 그리고 친구들이 가자고 하면 무조건 따라갑니다. 어린아이들은 엿장수가 집에 있는 솥을 가져오라고 하면 가져옵니다. 그러나 장성한 사람은 누군가가 엉터리로 가르치면 믿지 않습니다. 우리나라는 누군가가 설교를 잘한다고 하면 아무리 엉터리라도 불러서 은혜를 받습니다. 그리고 전도에 도움이 된다고 하면 세상의 유행가수를 불러서라도 말씀을 듣습니다. 그런데 나중에 보면 엉터리인 경우가 많습니다.

4:15, "오직 사랑 안에서 참된 것을 하여 범사에 그에게까지 자랄지라 그는 머리니 곧 그리스도라"

그리스도인들은 "오직 사랑 안에서 참된 것을 하여"라고 했는데, 때로는 먼저 믿는 사람 중에서 새신자들에게 거짓된 짓을 하는 사람들이 있습니다. 그래서 어떤 새로운 사업을 하자고 하며 돈을 떼먹는 사람도 있고 사기를 치는 경우도 있습니다. 그런 일을 당한 사람들은 교회에 대하여 아주 나쁜 인상을 가지게 되기 때문에 교회에서 하는 말은 절대로 믿지 않는 것을 보게 됩니다.

4:16, "그에게서 온 몸이 각 마디를 통하여 도움을 받음으로 연결되고 결합되어 각 지체의 분량대로 역사하여 그 몸을 자라게 하며 사랑 안에서 스스로 세우느니라"

교회에서는 각 몸이 각 마디를 통하여 도움을 받아야 한다고 했습니다. 그리스도의 진리는 너무나도 거창하기 때문에 어떤 한 사람이 독점할 수 없습니다. 성경책을 번역하는 사람이 있는가 하면 선교사로 가서 복음을 전하는 사람도 있어야 하고 또 오래 그 교회를 지키면서 교인들을 돌보아 주어야 하는 사람도 있어야 합니다. 그러나 만일 어떤 사람이 독단적으로 교회를 자기 것처럼 운영하게 되면 교회는 개인 사업체처럼 되어버리는 경우를 볼 수 있습니다. 우리가 신앙 안에서 자라면 거대한 하나님의 나라가 보이게 됩니다. 그래서 멋진 하나님의 나라를 세울 수 있기를 바랍니다.

15

새 사람을 입는 법

에베소서 4:17-24

중국에 아름다운 여배우가 있었는데, 그는 아름다운 얼굴을 하고 있었지만 더 아름다워지고 싶었습니다. 그래서 결국 성형수술을 했는데 중국의 엉터리 미용소에서 수술을 받았습니다. 그런데 어느 날 그 여자 배우의 코가 찌그러지기 시작하더니 썩기 시작했습니다. 그리고 그의 얼굴에는 고름이 차기 시작했습니다. 그는 조금 더 아름다워지려고 하는 욕심 때문에 코가 썩어버리게 되었고 얼굴이 다 썩어 배우의 길을 마감하게 되었습니다.

그런데 우리 기독교에는 놀라운 사실이 있습니다. 그것은 무슨 연기나 대학원에 들어가서 더 많은 전문지식을 배우는 것이 아닙니다. 그것은 바로 예수 그리스도를 배우는 것입니다.

4:20, "오직 너희는 그리스도를 그같이 배우지 아니하였느니라"

우리가 예수님을 배운다는 것은 엄청난 사실이 그 안에 들어가 있습니다. 그것은 바로 우리가 예수 그리스도를 배움으로 그를 새 옷이나 새 피부같이 입을 수 있다는 것입니다. 비록 우리의 심장이 다 죽어가고 우리의 코가 썩었고 우리 인생이 도박으로 망했다 하더라도 우리는 새사람이 될 수 있다는 것입니다.

사실 우리는 이 세상에 사는 많은 사람이 죽어가고 있고 망해 있다는 것을 알고 있습니다. 즉 누군가가 입만 벙긋하면 그는 죽든지 망하는 것입니다. 요즘은 이런 일이 스포츠계에서 일어나고 있습니다. 또 정치계에서 어떤 도지사는 감옥에 갇혔고 어떤 시장은 자살을 했습니다. 어떤 사람은 시장직에서 물러났습니다. 문화계에서도 이런 일이 수두룩하게 있었는데 어떤 유명한 시인은 잠적해버렸습니다. 그러나 이것은 전부 빙산의 일각에 불과한 것입니다. 그런 일 당한 대부분 사람이 하는 말이 옛날에는 모두 다 그렇게 하는 줄 알고 자기 기분에 따라서 자기도 그렇게 했다는 것입니다. 그러나 우리가 예수님을 배우면 우리는 달라지게 됩니다. 예수님은 우리를 새사람으로 입혀주시는 것입니다.

1. 허망했던 우리의 인생

우리가 예수님을 알기 전에는 우리 인생의 바른 목표를 알지 못했습니다. 이것을 허망하다고 말씀하고 있습니다. 예를 들어서 어떤 멋진 기구가 있는데 사람들은 그 기구를 어떻게 사용해야 할지 몰라서 그것을 부수거나 혹은 좋은 차를 가지고 충돌사고를 일으킨다는 것입니다.

> 4:17, "그러므로 내가 이것을 말하며 주 안에서 증언하노니 이제부터 너희는 이방인이 그 마음의 허망한 것으로 행함 같이 행하지 말라"

여기서 "이방인"은 예수를 모르는 사람들을 말합니다. 예수를 모르는 사람은 무엇을 해야 하는지 무엇을 하지 말아야 하는지를 알지 못합니다. 또 사람들은 이것이 얼마나 "허망한 짓"인지 알지 못합니다. 그러나 나중에 예수를 믿고 난 후에 과거를 생각해보면 얼마나 부끄럽고 얼마나 창피한 짓인지 정말 하나님 앞에 죄송하고 고개를 들 수 없는 죄라는 것을 깨닫게 됩니다.

옛날에 어떤 사람은 도서관에서 책만 빌려오면 돌려주지 않았습니다. 이 사람의 방에는 책이 많이 있었지만 그 책들에는 모두 어떤 학교 도서관의 도장이 찍혀 있었습니다. 그런데 이 사람이 예수 믿고 난 후에는 그 책들을 다 도서관에 반환했습니다. 어떤 사람은 버스비를 내지 않았습니다. 어떤 사람은 식사비를 내지 않았습니다. 그들은 나중에 예수를 믿고 난 후 자신이 한 행동이 얼마나 부끄러운 짓이었는지 깨닫고는 이자를 다 계산해서 보내었습니다. 그러니까 이 사람의 마음이 얼마나 떳떳하게 되었는지 모릅니다. 정말 누구 앞에서도 당당한 마음이 되었던 것입니다.

어떤 학생은 키가 작은 학생을 괴롭히고 때렸는데 굳이 나쁜 의도로 그렇게 한 것이 아니라 재미로 그렇게 했다고 합니다. 그런데 어느 날 그 피해 학생이 자살했습니다. 그는 놀라기는 했지만 바보 같은 자식이 죽었구나 생각하고 자신이 그 학생을 괴롭힌 사실에 대해 입을 다물었습니다. 그러나 그가 예수 믿고 난 후에 성령님은 그에게 말씀하셨습니다. "네가 그 학생을 죽인 거야. 너는 살인을 해 놓고 뻔뻔스럽게 살아가고 있는 거야."라고 양심에 경종을 울렸습니다.

어떤 명문대 대학원 학생이 저를 찾아왔습니다. 그래서 왜 찾아왔느냐 하니까 마음이 괴로워서 왔다고 했습니다. 그래서 무슨 짓을 했느냐고 하니까 남학생 몇 명이서 한 여학생을 윤간했다고 고백했습니다. 그래서 어떻게 할 거냐고 했더니 그 죄를 그냥 덮어쓰고 살겠다고 하면서 돌아갔습니다. 그는 명문대학원 출신이었지만 여성을 강간한 죄인이었습니다. 이 모든 것이 허망한 짓입니다. 우리 한 사람 한 사람이 참 뛰어나게 만들어져 있지만 바른길을 몰라서 정말 무지한 짐승 같은 짓을 하면서 살았던 것입니다.

어떤 회사 상사는 목표를 달성하기 위하여 부하들에게 엄청난 스트레스를 주었습니다. 그 결과 한 명이 돌연사했습니다. 그러나 그 상사는 절대로 자기가 죽였다고는 생각하지 않습니다. 왜냐하면 자기는 바른말만 했다고 생각하기 때문입니다. 그러나 그는 하나님 앞에서 살인자인 것입니다.

2. 무감각한 사람들

사람에게 가장 무서운 것은 감각이 없어지는 것입니다. 사람은 감각을 가지고 있는 것이 정상입니다. 그래서 누군가 자기를 때리면 맞은 부분이 아프고 기분이 나쁜 것이 정상입니다. 그래야 그다음에도 똑같은 공격을 받을 때 피하거나 막을 수 있을 것입니다. 그러나 비정상적인 사람은 감각이 없습니다. 그래서 누군가 자기를 때려도 감각이 없고 슬픈 일이나 기쁜 일을 만나도 아무 감각이 없다면 다른 사람은 이 사람을 짐승처럼 대할 것입니다.

사람의 얼굴에는 많은 근육이 있어서 웃을 수 있습니다. 짐승 중에서 웃을 수 있는 짐승은 별로 없습니다. 그런데 요즘 우리나라 사람들을 보면 웃는 사람이 별로 없는 것 같습니다.

옛날 군사정권 시절에 감각이 없는 자들이 있었습니다. 이들은 남영동 대공분실에서 고문하는 사람들이었습니다. 이들은 언제나 무표정한 얼굴이었습니다. 누구든지 잡혀오면 무조건 두들겨 팼습니다. 몽둥이로도 패고 주먹으로도 때렸습니다. 그러나 이 사람들의 마음에는 맞는 사람이 불쌍하다든지 안타깝다는 감정이나 감각이 없었습니다. 어떤 때는 전기나 물 고문도 했습니다. 고문당하는 사람은 죽는다고 소리를 지르고 조금만 봐달라고 했지만 고문하는 사람에게는 아무 감각이 없었습니다. 그러니 고문받다가 평생 불구가 되고 심지어 죽는 사람도 있었습니다. 그러나 이런 사람들의 마음에는 불쌍히 여기는 마음이 없었습니다. 그들의 양심은 이미 굳어져서 짐승같이 되었기 때문입니다.

우리가 동물 다큐멘터리에서 이제 막 노루나 얼룩말 새끼가 태어나는 장면을 보게 됩니다. 이 새끼들은 잘 일어나지 못해서 비틀거리고 있습니다. 그런데 바로 이런 새끼들을 노리고 사자나 표범이 덤벼듭니다. 이런 맹수들은 이런 새끼들을 잡아먹는데 인정사정이 없습니다. 그대로 덤벼들어서 머리부터 물어서 잡아먹는 것입니다. 우리는 그런 장면을 보면 새끼들이 너무 불쌍해서 가슴이 아픕니다. 그런데 어떤 때는 어미가 다시 돌아와서 사자나 표범을 발로 차서 새끼를 살릴 때가 있습니다. 그때 얼마나 감격스러운지 모릅니다. 짐승에게도 모성애가 있는 것입니다.

그런데 사람인데도 감정이 없는 사람들이 있습니다. 불량배들은 빚을 독촉할 때 빚을 진 사람의 손등을 담배로 지지기도 하고 몽둥이로 때리기도 하지만 전혀 불쌍히 여기는 마음이 없습니다. 왜냐하면 그들의 감정이 죽어 있기 때문입니다.

4:18-19, "그들의 총명이 어두워지고 그들 가운데 있는 무지함과 그들의 마음이 굳어짐으로 말미암아 하나님의 생명에서 떠나 있도다 그들이 감각 없는 자가 되어 자신을 방탕에 방임하여 모든 더러운 것을 욕심으로 행하되"

이런 사람들은 마음에 "총명"이 없고 어둡습니다. 오직 돈이나 자기 목표를 달성하는 것밖에 없습니다. 그들은 정말로 "무지"합니다.

그들은 간경화중이 아니라 양심 경화증에 걸려 있어서 "마음이 굳어진" 사람들입니다. 그래서 그들은 자기 몸에 상처가 생겨도 아픈 줄 모릅니다. 그들은 "모든 더러운 것을 욕심으로" 다 행합니다. 모든 더러운 것은 여자들과 더러운 짓을 하는 것입니다. 그리고 입으로 하는 모든 더러운 말을 합니다.

그런데 우리가 예수를 믿을 때 가장 먼저 생겨나는 것이 감정이 살아나는 것입니다. 우리는 먼저 부끄러움을 느끼게 됩니다. 우리는 자신이 비록 모르고 행했다고 하지만 자기가 행한 모든 더러운 짓에 대하여 부끄러움을 느낍니다. 그리고 자신의 과거가 하나님 앞에서 정말 미쳤었다는 것을 깨닫게 됩니다. 과거의 자기는 미친 사람이었습니다.

3. 예수님을 배움

우리가 예수님을 믿을 때 가장 먼저 배우는 것은 하나님의 사랑입니다. 하나님은 우리에게 사랑을 가르쳐 주셨습니다. 하나님은 우리 자신이 귀하며 우리 자신이 귀한 만큼 다른 사람들의 인격이나 신체도 소중하다고 가르쳐 주셨습니다. 우리는 예수님을 만나기 전에는 자신이나 다른 사람을 사랑하는 법을 알지 못했습니다.

4:20, "오직 너희는 그리스도를 그같이 배우지 아니하였느니라"

예수님이 우리에게 가르쳐주신 것은 하나님께서 자기 아들을 죽게 내어줄 정도로 우리를 사랑하신다는 사실입니다. 하나님은 우리를 너무 사랑하시기 때문에 우리는 자기 스스로를 학대할 수 없습니다. 과거에 우리가 예수를 믿지 않을 때 그렇게 술을 많이 마시고 담배를 많이 피우고 욕을 많이 하고 싸움을 많이 한 것은 사실 자신을 학대하는 것이었습니다. 술을 많이 마시면 일단 정신이 흐릿해지고 걷는 것이 비틀거리게 되고 자기 자신을 잃어버리게 됩니다. 담배를 많이 피우는 것도 자신을 학대하는 것입니다. 결국 심하면 폐암에 걸려서 죽게 됩니다. 어떤 사람은 욕을 많이 하는데 그 사람의 입에서 나오는 것이 결국 자신의 인격입니다. 그는 시궁창 같은 자신의 인격을 쏟아 놓고 있습니다.

그러나 우리는 예수 그리스도를 그렇게 배우지 않았습니다. 예수님은 우리에게 새 인격을 주셨습니다. 예수님은 새 총명을 주셨고 새 감각을 주셨습니다. 예수님은 방탕한 것이 얼마나 우리를 파괴하고 얼마나 우리를 망하게 하는 것인지 가르쳐주셨습니다.

4:21, "진리가 예수 안에 있는 것 같이 너희가 참으로 그에게서 듣고 또 한 그 안에서 가르침을 받았을진대"

예수님은 "진리를 알지니 진리가 너희를 자유롭게 하리라"(요 8:32)고 말씀하셨습니다. 우리 모든 인간은 마귀의 쇠사슬을 차고 있습니다. 그런데 예수님의 진리 즉 복음이 이 모든 쇠사슬을 풀어버리고 우리에게 진정한 새 인생을 주시는 것입니다. 그래서 우리는 예수님에게 들어야 하고 예수님의 가르침을 받아야지 인간의 가르침을 받으면 안 됩니다. 사람의 가르침은 멋있어 보이지만 자기 자신도 풀지 못합니다.

4:22-24, "너희는 유혹의 욕심을 따라 썩어져 가는 구습을 따르는 옛 사람을 벗어 버리고 오직 너희의 심령이 새롭게 되어 하나님을 따라 의와 진리의 거룩함으로 지으심을 받은 새 사람을 입으라"

우리는 예수를 믿음으로 새사람이 될 수 있습니다. 그런데 우리가 새사람이 되는 비결은 옷을 갈아입는 것입니다. 즉 "유혹의 욕심을 따라 썩어져가는 구습을 따르는 옛 사람을 벗어버리고"입니다. 만약 어떤 사람이 일 년 동안 옷을 갈아입은 적이 없다면 옷이 더럽고 냄새가 날 것입니다. 아무도 그를 보고 새사람이라고 말하지 않을 것입니다. 그는 무엇보다 먼저 목욕을 해야 할 것입니다. 그는 너무 오래 목욕하지 않았기 때문에 얼굴만 씻어서는 안 됩니다. 그는 온몸을 물속에 담가야 합니다. 그는 몸의 때를 다 벗기고 수염과 긴 머리털을 잘라야 합니다. 그리고 헌옷은 조금도 아끼지 말고 버려야 합니다. 그런데 헌옷에서 가장 냄새나는 부분이 "유혹의 욕심"입니다. 자기 것이 아닌데 가지고 싶은 것입니다. 그리고 자꾸 하나님의 말씀이 하지 말라고 하는 것에 호기심이 생기는 것입니다.

우리가 새 옷을 입으려고 하면 "심령이 새롭게" 되어야 합니다. 즉 우리는 새 마음을 가져야 합니다. 하나님의 말씀은 우리에게 새로운 깨달음을 줍니다. 즉 새 마음이 생기는 것입니다. 이어서 "의와 진리의 거룩함으로 지으심을 받은 새사람을 입으라"고 했습니다. 예수님의 옷은 그 천이 의와 진리의 거룩함입니다. 이 옷은 이 세상에서는 별로 인기 있는 옷은 아닙니다. 이 세상에서 인기 있는 옷은 불의와 죄의 옷입니다. 그러나 이 세상 옷은 썩은 냄새가 납니다.

그런데 우리가 어떻게 우리 얼굴과 몸이나 양심에 딱 붙어 있는 욕심과 구습을 벗어버릴 수 있을까요? 어떻게 이 옛 자아를 마치 헌 옷을 벗어버리듯이 벗어버릴 수 있을까요?

성경은 이 어려운 것을 너무 쉽게 말씀하고 있는 것 같습니다.

4:23, "오직 너희의 심령이 새롭게 되어"

우리의 "심령이 새롭게" 된다는 것은 새로운 말씀을 듣는다는 뜻입니다. 우리가 복음, 즉 하나님의 말씀을 들을 때 하나님의 말씀은 좌우에 날선 검이 되어서 우리와 옛날의 썩은 구습을 파고들어서 자르게 됩니다. 즉 하나님의 말씀은 옛날 우리의 피부를 잘라내게 됩니다. 그래서 우리는 일시적으로 피부가 없는 괴물 같은 사람이 될 수도 있습니다. 그런데 금방 우리에게 새 살이 돋고 새 피부가 생기면서 예전과는 완전히 다른 새사람을 입게 되는 것입니다.

옛날의 더러운 옷 위에 새 옷을 껴입으면 안 됩니다. 우리는 새 구두를 사면 헌 구두를 벗고 새 구두를 신게 됩니다. 우리는 새 양복이나 새 외투를 사면 너무 오래 입어서 다 떨어지고 보기 싫은 헌 옷은 벗어버리고 멋진 새 옷을 입고 외출하게 될 것입니다. 신부는 결혼할 때 헌 옷은 다 벗고 멋진 새 하얀 웨딩드레스를 입고 결혼식을 할 것입니다. 우리는 두 옷을 같이 껴입을 수 없습니다. 말씀을 들으면 헌 옷은 벗겨지게 됩니다. 우리가 계속 말씀을 들으면 새 옷이 입혀지게 됩니다. 하나님 앞에 옛날 못된 버릇은 나쁘다는 것을 인정하고 새 성품으로 옷 입는 성도들이 다 되시기 바랍니다.

16

버려야 할 습성들

에베소서 4:25-32

우리나라 해변의 어느 맨션은 옛날 바다였던 곳을 매립해서 고층 아파트를 지은 곳들이 있습니다. 그런 곳은 뷰(view)가 최고로 좋기 때문에 그 아파트는 굉장히 비쌉니다. 시에서는 그 고급 아파트들이 있는 곳에 태풍이 오면 침수될 가능성이 있으므로 제방의 높이를 더 높여야 한다고 주장했지만 저층에 사는 사람들은 건물 안에서 바다를 보는 경치가 너무나도 좋기 때문에 절대로 시야를 가리는 제방을 올리지 못하게 했습니다. 그런데 그곳에 큰 태풍이 와서 파도가 제방을 넘어서 그 아파트의 1층과 지하층을 침수시켰습니다. 그 건물 지하주차장에는 어마어마하게 비싼 스포츠카들이 바닷물에 빠져 있었습니다. 전문가의 말에 의하면 이렇게 한번 침수된 차는 절대로 쓸 수 없다고 합니다.

원래 사람도 죄에 한 번 침수되면 쓸 수 없습니다. 그런데 하나님은 이 세상의 다른 것들은 그렇게 아까워하시지 않으면서 사람들은 아까워하셨습니다. 그래서 하나님은 죄에 빠진 인간을 다시 살리기 위해서 하나밖에 없는 독생자 예수님을 보내셨습니다. 인간들은 겉으로 보기에는 멀쩡했으나 두뇌 속이나 감정과 영혼은 일단 죄에 빠졌기 때문에 죽어 있습니다. 하나님은 아들을 보내서서 인간을 살리기 위한 모든 노력을 다해서서 다시 살리는 데 성공하셨습니다. 일단 인간이 쓸 수 있느냐 없느냐 하는 것은 하나님의 말씀에 반응하느냐 하지 않느냐 하는 것으로 판정이 납니다. 아무리 하나님의 말씀을 들어도 전혀 깨닫지 못하고 알아듣지 못하는 자는 살아날 수 없습니다. 그러나 하나님의 말씀을 듣고 깨닫고 조금씩 정신을 차리고 반응을 하면 살릴 수 있는 것입니다.

성령님께서 우리 몸에 마치 전기 같이 오셔서 고장 난 부분을 정밀하게 고치십니다. 그러나 우리가 완전하게 고쳐지기 위해서는 아직도 우리 안에 남아있는 찌꺼기들을 버려야 합니다.

1. 우리는 다 고물차

우리 인간은 좋은 학교를 나오고 좋은 자리에 있으면 모두 성공한 사람으로 인정을 받습니다. 그런데 우리는 아무리 비싸고 좋은 차라 하더라도 한 번 더러운 물에 침수된 적이 있는 고물차라는 것입니다. 만일 자동차를 파는 사람이 이 사실을 속이고 팔면 그는 사기를 치는 것입니다. 그래서 우리는 인정하기 싫어도 나는 한 번 침수된 차라는 것을 다른 사람에게 알려주어야 합니다. 그러면 가격이 거의 똥값(?)으로 떨어지게 됩니다. 그러나 그렇게 하지 않으면 다른 사람이 그것을 금방 알아내서 이야기할 것입니다.

4:25, "그런즉 거짓을 버리고 각각 그 이웃과 더불어 참된 것을 말하라 이는 우리가 서로 지체가 됨이라"

왜냐하면 이웃은 우리의 지체가 되기 때문이라고 했습니다. 여기서 이웃이라는 것은 같은 성도를 말합니다. 성도들 사이에 신뢰가 생기면 마음속으로 '저분은 참 신실한 하나님의 백성이구나. 내가 죽을 위기에 처하게 되었을 때 저분이라면 싸우다가 같이 죽을 수도 있겠다' 라는 생각을 하게 됩니다. 예를 들어서 군인들은 적과 전쟁할 때 몸을 던져서 총을 쏩니다. 그런데 동료가 총에 맞아서 쓰러지면 적군의 총알이 소나기같이 쏟아져도 그것을 뚫고 들어가서 죽음을 무릅쓰고 동료를 끌고 나옵니다. 이렇게 서로 간의 신뢰 관계가 무엇보다 중요합니다. 마찬가지로 하나님의 백성은 불이 나거나 혹은 사고가 터졌을 때도 자기 목숨을 걸고 뛰어들어서 성도의 목숨을 건져냅니다. 하나님의 백성은 그렇게 하는 것을 당연하게 생각합니다. 그만큼 믿는 사람이고 존경하는 사람이기 때문입니다. 그래서 마음속에 '우리는 살아도 같이 살고 죽어도 같이 죽는다' 는 결심이 있는 것입니다. 이것이 바로 지체가 하는 일입니다. 지체는 한 몸이기 때문에 하나가 죽으면 다른 부분도 죽는 것이고 한 부분이 살면 다른 부분도 사는 것입니다.

그런데 어느 날 그렇게 믿었던 성도가 자기에게 거짓말했다는 것을 알게 되었다고 합시다. 그때 그는 큰 실망을 하게 됩니다. 죽어도 같이 죽고 살아도 같이 살려고 했는데 '저분은 이번에 욕심에 눈이 멀어서 나에게 진실을 이야기하지 않았다' 는 생각이 들게 되면 그는 더 이상 이웃이 아니고 남이 되어버리는 것입니다. 그래서 진실을 이야기해주는 것이 필요합니다. 그래야 우리가 더 신뢰하게 되는 것입니다.

모든 사람이 죄인인 증거가 있습니다. 그것은 바로 모든 사람이 기분 나쁜 일이 있으면 화를 낸다는 것입니다. 사람이 죄에 빠지고 난 후에 두 가지 불이 생기게 되었습니다. 하나는 분노의 불입니다. 화가 나면 분이 치밀어 오르는 것입니다. 그리고 또 다른 하나는 성적인 불입니다. 자기의 성욕을 위해서 다른 자매나 형제를 이용하려고 하는 것입니다. 사람이 죄에 빠지지 않았으면 화를 내지 않습니다. 그리고 성욕에도 그렇게 매달리지 않습니다. 성경 창조 기사에 보면 아담과 하와가 벌거벗었지만 부끄러워하지 않았다고 했습니다. 그들은 성적인 부분에 욕망이 없었던 것입니다. 아담과 하와는 서로 친구처럼 지냈던 것 같습니다. 그런데 아담이 범죄한 후 가인은 화가 나서 자기 동생 아벨을 죽였습니다. 그리고 아담이 범죄한 후 남자와 여자들은 서로에 대하여 성욕이 물 끓듯 했던 것입니다.

성경은 우리가 인간인 이상 화가 나는 것을 완전히 없앨 수는 없다는 것을 인정합니다. 그러나 우리는 화가 나더라도 빨리 이것을 설득시켜서 가라앉혀야 합니다.

4:26, "분을 내어도 죄를 짓지 말며 해가 지도록 분을 품지 말고"

사람이 욕을 얻어먹거나 다른 사람에게 모욕을 당하면 화가 나게 되어 있습니다. 그러나 죄를 짓지 말라고 권면했습니다. 이것은 상대방에게 말이나 행동으로 복수하지 말라는 뜻입니다. 왜냐하면 사람이 마음속에 화가 나는 것은 속에 끓는 물이 생긴 것이기 때문입니다. 이 끓는 물을 다른 사람에게 쏟아버리면 상대방은 중화상을 입게 될 것입니다. 그런데 이것을 자기 속에 그대로 담고 있으면 속에 끓는 물이 있기 때문에 자기가 화상을 입고 자기 마음이 상하게 됩니다. 그래서 마음에 분노가 생긴다는 것은 정말 무서운 일입니다.

그래서 그리스도인들은 화가 났을 때 스스로 이것을 가라앉히는 방법을 개발해야 합니다. 산책하든지 시를 쓰든지 아니면 붓글씨를 쓰든지 일기를 적는 것도 좋은 방법입니다. 일기장을 더럽히기 싫으면 낙서장 같은 것을 하나 만들어서 거기에다가 실컷 욕을 적어 놓는 것입니다.

"분을 내어도 죄를 짓지 말며 해가 지도록 분을 품지 말고"라고 했습니다. 거짓과 분은 버려야 합니다. 그런데 잘못된 방법으로 분을 처리하는 사람이 있습니다. 어떤 분은 화가 나면 마구 음식을 먹습니다. 그러면 비만이 생겨서 더 화가 나게 됩니다. 어떤 분은 화가 나면 술을 퍼마시는데 이것은 화가 더 나게 됩니다. 요즘 사람들은 노래방에 가서 30분에서 1시간 정도 고래고래 소리를 지르면서 노래를 부른다고 합니다. 그러다가 코로나로 확진이 되면 후회하게 될 것입니다.

우리는 할 수 있으면 '상대방에게 내가 모르는 그럴만한 이유가 있을 것이다' 라고 이해하려고 해야 합니다. 이해하려고 노력하는 것이 사랑하는 것입니다. 그렇지만 원래의 관계로 회복될 수는 없을 것입니다. 그런데 "해가 지도록 분을 품지 말라"고 했습니다. 사람이 밤이 되면 다른 것은 생각할 것이 없으니까 화가 난 것만 수천 번씩 생각하게 됩니다. 그러면 마음속에 있는 모터가 다 터져버려서 그때부터는 오래가게 됩니다.

4:27, "마귀에게 틈을 주지 말라"

이것은 다른 말로 표현하면 마귀가 늘 틈을 노리고 있다는 뜻입니다. 마귀는 틈을 타서 우리 성도들을 화나게 만들고 서로 상처를 주게 만들어서 엉망진창이 되게 하는 것이 목적입니다.

인간이 완전히 거짓말하지 않을 수 있을까요? 그것은 불가능합니다. 우리 인간은 마음 자체가 거짓되기 때문입니다. 우리 인간은 거짓말해도 전혀 마음의 고통이 없을 정도로 양심이 굳어 있습니다. 어떤 때는 거짓말을 하고 남을 속일 때 기분이 더 좋을 수 있습니다. 우리 인간은 다른 사람에게 진실하게 말하면 더 관계가 나빠지고 복잡해질 수도 있습니다. 물론 선의의 거짓말하는 것이 더 편할 때도 있습니다. 그러나 선의의 거짓말도 거짓말이기 때문에 회개해야 합니다. 그리고 화가 났을 때는 그 상황을 빨리 피하는 것이 좋습니다. 왜냐하면 계속 있으면 계속 화가 나기 때문입니다.

또 인간인 이상 성욕을 완전히 피할 수는 없습니다. 그러나 성경을 자꾸 읽으면 그런 욕망이 현저하게 없어져서 굳이 성욕을 채울 필요가 없어지게 됩니다. 우리는 늘 고물차라는 것을 인정하고, 완전하지 못하다는 것을 자기 스스로 인정해야 합니다. 우리는 물에 한 번 빠진 고물차입니다.

2. 나쁜 생활 습관들

사람들은 왜 도둑질을 하게 될까요? 아마 처음에는 공짜로 무엇인가 생기니까 좋게 생각했을 것입니다. 예를 들어서 길에 시계나 돈이나 가방이 떨어져 있으면 그것을 공짜로 생각해서 내 것으로 가지는 것입니다. 그러면 기분이 좋고 무엇인가 생겼다는 만족감이 생길 것입니다. 그런데 그런 단계를 넘어서면 적극적으로 남의 물건을 뒤져서 가져가게 됩니다. 이 사람이 모르고 있는 것은 남의 것을 대가를 지불하지 않고 가져감으로 그 사람 마음 안에는 남의 것을 공짜로 가지고자 하는 나쁜 습관이 생기고 있다는 것입니다. 그래서 이 사람은 자기도 모르게 다른 사람의 돈을 가지게 되고 물건을 훔치게 되고 나중에는 아무리 그것을 하지 않으려고 해도 안 되는 상태까지 빠지게 됩니다. 결국 이것이 들키면 감옥에 들어가게 되고 거기서 인간 이하의 대접을 받게 되는 것입니다.

일단 사람에게는 다른 사람의 멋있는 것을 가지고 싶은 탐심이 있습니다. 그러나 성경은 반드시 대가를 지불해서 가져야 한다고 말씀하고 있습니다. 남의 것을 공짜로 가지려고 하면 바로 이 욕심의 우상의 종이 되기 때문입니다.

4:28, "도둑질하는 자는 다시 도둑질하지 말고 돌이켜 가난한 자에게 구제할 수 있도록 자기 손으로 수고하여 선한 일을 하라".

아마 이 당시 에베소에서는 예수 믿는다고 하면서도 옛날 습관을 버리지 못해서 교회 물건이나 이웃의 물건을 도둑질하는 사람들이 꽤 있었던 것 같습니다. 어떤 사람들은 교회 집사가 되어서 헌금을 훔쳐 갈 수도 있습니다. 어떤 경우는 큰 교회 목사인데도 교회 돈을 마치 자기 돈처럼 함부로 쓰기도 합니다. 심지어는 교회를 자기 것으로 생각해서 무리하게 자기 아들에게 물려주는 경우도 많이 있습니다. 목사는 무조건 교회를 크게 키울 것이 아니라 교회가 커지면 헌금이 많이 들어오게 되어서 죄짓기 쉽고 나중에는 교회를 떠나기가 아주 힘들어진다는 사실을 미리 알고 잘 대처해야 합니다.

도둑질하는 사람은 도둑질하지 말아야겠다는 생각이 들더라도 잘 안 됩니다. 좌우간 사람은 몸으로 이마에 땀을 흘려서 먹고 살아야 합니다. 하나님의 백성은 공짜를 좋아하면 안 됩니다. 반드시 "자기 손으로 수고"해서 가족을 먹여야 합니다.

4:29, "무릇 더러운 말은 너희 입 밖에도 내지 말고 오직 덕을 세우는 데 소용되는 대로 선한 말을 하여 듣는 자들에게 은혜를 끼치게 하라"

말하는 습관도 중요합니다. "더러운 말"은 욕을 하는 것과 음란한 말, 남을 헐뜯는 말도 포함됩니다. 내 입을 더럽게 하는 말은 "입 밖에도 내지 말고"라고 했습니다. 욕을 하는 것은 습관일 수 있습니다. 어떤 사람은 직장에서 주위 사람들이 다 욕을 할 때 자기도 그것이 귀에 익어서 자기도 모르게 욕이 튀어나올 수 있습니다. 그러나 요즘은 화가 발작해서 욕이 튀어나오는 경우가 많습니다. 배워서 알 만한 사람도 화가 폭발하면 폭력조직도 쓰지 않는 욕을 쓰는 것입니다. 가끔 교회 안에서 서로 편을 나누어서 싸우는 것을 보면 정말 세상 사람 이상으로 악한 말을 하고 밀치고 때리고 욕하는 것을 볼 수 있습니다. 교인들은 상대방이 하는 것이 틀렸고 또 교회를 빼앗으려고 하는 사탄의 세력으로 보이기 때문에 욕을 하면서 싸울 수 있습니다. 그런데 서로 싸우는 교회는 영혼을 구원할 수 없습니다.

이런 경우에도 싸우지 말고 내가 모르는 무슨 사정이 있을 것이라고 이해하려고 노력하면 굳이 악한 말을 하지 않아도 될 것입니다. 사람들은 혀 밑에 독사의 독을 품고 서로 쏘아서 눈이 멀게 하거나 혹은 심장마비로 죽게 합니다. 만일 교회 안에 독사들이 우글거리고 있고 늑대들이 소리를 지르고 악어들이 눈물을 흘리면서 약한 사람들을 잡아 뜯는다면 아무도 교회에 나오려고 하지 않을 것입니다. 그 책임은 목사에게 있습니다. 목사는 하나님의 말씀으로 교인들을 변화시켜야 합니다. 이리를 양으로 바꾸어야 하는 것입니다. 그런데 하나님의 말씀을 설교하지 않으면 자기 자신이 교인에게 잡아먹히게 됩니다.

3. 성령을 근심하게 말라

하나님께서는 물에 침수되었던 우리를 새 차로 만드시기 위하여 성령을 보내셨습니다. 성령은 진리의 영이고 치료의 영이십니다. 성령은 하나님이십니다. 그래서 원래는 성령이 우리 안에 오실 수 없습니다. 그런데 하나님께서는 우리 예수 믿는 사람들에게 무조건 의롭다고 선언을 하셨습니다. 그래서 하나님은 우리 영혼에 도장을 찍으셨습니다. 즉 우리는 하나님 앞에서 의로운 사람이 된 것입니다.

4:30, "하나님의 성령을 근심하게 하지 말라 그 안에서 너희가 구원의 날까지 인치심을 받았느니라"

그렇게 성령이 우리 안에 들어오셨습니다. 성령은 우리 안에 고장 난 부분을 고치기 시작하십니다. 그러나 이것이 너무나도 어렵습니다. 인간은 고쳐놓으면 옛날로 또 돌아가고 고쳐놓으면 옛날로 또 돌아가기 쉽습니다. 왜냐하면 인간은 고집이 너무 강하고 자기가 똑똑하다고 생각해서 성령님의 말씀을 듣지 않으려고 하기 때문입니다. 그러나 성령님은 우리를 억지로 좋은 사람으로 만드시지는 않습니다. 그래서 성령님도 우리를 포기하고 싶어서 탄식하실 때가 많이 있습니다. 아무리 성령님이 우리를 고쳐도 우리가 옛날 상태로 돌아가면 성령님은 근심하십니다. '아, 이 사람, 혹시 실패하는 것이 아닌가?' 근심이 되는 것입니다.

가끔 어머니 중에는 아이들 때문에 근심하는 이들이 있습니다. 자기 아들의 병이 낫지 않거나 발육이 너무 느리거나 도벽이 있어서 남의 물건을 자꾸 훔치면 어머니들은 근심하는 것입니다. 우리는 지금 성령 안에서 인치심을 받았기 때문에 죄를 짓는다고 해서 지옥에 가지는 않습니다. 그러나 우리는 우리 자신을 자포자기하면서 자꾸 죄로 돌아가려고 하는 것입니다.

그래서 교회가 필요합니다. 교회는 우리의 신앙 인격을 연단시킵니다. 교인들끼리는 욕도 잘 하지 않고 성령 충만하면 천사 같은 모습으로 나타나기도 합니다. 그래서 교회 생활을 원만하게 하는 사람은 목회자나 장로나 집사나 사회생활도 아름답게 잘하는 것을 볼 수 있습니다. 그러나 교회 생활을 제멋대로 하는 사람은 성령을 근심하게 합니다.

4:31-32, "너희는 모든 악독과 노함과 분냄과 떠드는 것과 비방하는 것을 모든 악의와 함께 버리고 서로 친절하게 하며 불쌍히 여기며 서로 용서하기를 하나님이 그리스도 안에서 너희를 용서하심과 같이 하라"

여기에 보면 분노의 감정이 많이 나옵니다. 우리는 이 세상만이 아니라 교회에서도 "노함과 분냄"이 터져 나올 때가 많이 있습니다. 어떤 때는 "악독"한 마음이 생기기도 합니다. 이것은 남이나 교회를 해치고 싶은 생각입니다. "떠드는 것과 비방하는 것"도 성령님이 좋아하시는 것이 아닙니다. 우리는 세상 전체를 바로 잡을 필요가 없습니다. 단지 우리는 세상 사람들이나 교인들에게 친절하면 됩니다. 여기서 "친절"은 좀 더 적극적인 사랑을 말합니다. 즉 내가 할 수 없는 사랑까지 하는 것은 아니라 좀 더 내가 적극적으로 움직이는 것을 말합니다. 예를 들어서 누군가가 식당이 어디 있느냐고 물으면 잘 찾아갈 수 있도록 가까운 곳까지 모시고 가는 것이 친절입니다. 누군가가 나쁜 말을 해도 못 들은 체하고 그냥 가면 친절한 것입니다.

전에 어떤 큰 교회의 목사님에게 지방에서 오신 목회자님이 "이 큰 교회에 의자가 이게 뭡니까?"라고 하면서 시비를 걸었습니다. 그랬더니 그 교회 목사님은 "농담해주셔서 감사합니다."라고 대답하고 그 자리를 피했다고 했습니다.

성령님은 이 세상의 어떤 훌륭한 교사나 기술자보다 뛰어나신 분입니다. 우리가 성령님과 보조를 맞추면 굉장히 좋은 결과가 나오게 됩니다. 그래서 제임스 패커는《성령님과 보조를 맞추라(Keep in Step with the Spirit)》(번역본:《성령을 아는 지식》)는 책을 썼습니다.

옛날에 남녀가 왈츠를 출 때 보면 서로가 발을 맞추어서 마치 물 흘러가듯이 춤을 추면 그렇게 아름답고 환상적일 수 없습니다. 우리도 성령님과 보조를 맞추어서 쓸데없는 것은 다 버리고 스텝을 맞추면 멋진 춤이 만들어지게 될 것입니다.

17

구원의 목적
에베소서 5:1-7

일본에 가면 120년 동안 우동만 만들어서 파는 집들이 있습니다. 할아버지 때부터 우동을 만들어서 팔았는데 아들이 그 사업을 이어받고 그다음에는 손자가 그 사업을 이어받아서 가업을 이어가는 것입니다. 일본에는 그런 집들이 아주 많다고 하는데 가방 공장도 있고 볼트 공장, 심지어는 자동차 공장도 있습니다. 그래서 자녀들은 가업에 뛰어들기 전에 지금 하고 있는 공부를 할 것인가 아니면 아버지가 하고 계신 가업을 계승할 것인지 고민을 많이 한다고 합니다. 이때 아들이 아버지의 가업을 이어 받기로 결정하면 아버지로부터 물건을 만드는 법을 그대로 전수받고, 또 아버지가 아는 사람들과 친하게 지내고 아버지가 만든 것과 같은 물건을 만들어서 팔게 되는 것입니다.

우리는 예수 믿고 난 후에 구원에 대하여 오해하는 부분이 많이 있습니다. 그것은 하나님이 왜 우리를 구원하셨을까 하는 것입니다. 거의 대부분의 신자는 하나님이 우리를 사랑하셔서 우리가 저주받고 지옥에 가는 것을 원치 않으시기 때문에 하늘의 복을 주시기 위해서 우리를 구원하셨다고 생각합니다. 그래서 예수를 믿었는데 나름대로 세상에서 성공해서 돈을 많이 벌면 그것은 당연한 것으로 여기고, 예수 믿었음에도 불구하고 복이 오지 않고 계속 가난하면 마치 하나님이 무능하시거나 자기에게 관심이 없는 것처럼 생각해서 그 신앙이 침체하는 경우가 많이 있습니다.

하나님이 우리를 구원하신 목적은 우리를 사랑하신 것도 맞고, 영생을 주시기 위한 것도 맞고, 하늘의 축복을 주시기 위한 것도 맞습니다. 그러나 하나님이 우리를 구원하신 가장 중요한 목적은 하나님을 닮은 사람으로 만들기 위해서입니다. 그래서 우리가 하는 행동이나 말을 하는 것을 보면 다른 사람들은 바로 하나님의 아들이구나 하는 생각이 나게 되는 것입니다.

1. 사랑이 가져온 변화

사람이 사람답게 되는 데 있어서 가장 중요한 것은 사랑을 받는 것입니다. 만약 어떤 사람이 다른 사람의 사랑을 전혀 받지 못한 상태에서 왕이나 대통령이 된다면 그 사람은 폭군이 될 가능성이 큽니다. 그는 다른 사람과 대화한다고 해도 공격적으로 하든지 자기 자신을 방어하려고만 할 것입니다. 왜냐하면 그는 다른 사람들이 자기를 공격한다고 생각하기 때문입니다. 그는 자기 이익을 지키기 위해서는 거짓말하는 것은 아무것도 아니라고 생각합니다.

사람은 이 세상에서 누구 밑에서 배웠는가에 따라서 그 사람을 닮아가게 됩니다. 만약 조직폭력배의 제자라면 폭력배가 될 것입니다. 장사하는 사람의 제자라면 장사꾼처럼 변해갈 것입니다. 공장에서 공장장 밑에서 배우면 공장에서 일하는 사람처럼 변해갈 것입니다.

그러나 사람은 두 번 태어나야 합니다. 예수님은 물과 성령으로 거듭나지 않은 사람은 하나님의 나라를 볼 수도 없다고 말씀하셨습니다(요 3:5). 사람은 어머니를 통해서 이 세상에 태어나게 됩니다. 참 어머니는 희생적으로 우리를 키우십니다. 그러나 그것은 어머니나 아버지를 닮는 것이지 하나님을 닮는 것은 아닙니다. 우리가 하나님을 닮으려고 하면 하나님의 사랑으로 다시 한번 태어나야 합니다. 즉 우리는 죄인 중의 죄인인데 그럼에도 하나님께서 사랑하셔서 우리를 자녀로 삼으신 사랑으로 다시 태어나야 하는 것입니다. 하나님은 우리를 사랑받을 자격이 있는 사람이라는 것을 가르쳐주십니다. 그래서 그리스도인들은 더 이상 자기 자신을 학대하지 않습니다. 그리고 다른 사람들도 사랑받을 자격이 있다는 것을 알게 됩니다. 다른 사람은 나의 적이 아니라 그 사람도 자신의 집에 가면 어느 누군가의 아버지이고 어머니이고 존경받는 할아버지라는 것을 알게 되는 것입니다.

하나님께서 우리를 구원하신 것은 하나님을 본받는 자가 되라고 부르신 것입니다.

5:1, "그러므로 사랑을 받는 자녀 같이 너희는 하나님을 본받는 자가 되고"

사도 바울은 우리로 하여금 "하나님을 본받는 자"가 되라고 했습니다. 그러나 이것은 불가능한 일입니다. 왜냐하면 하나님은 눈에 보이지도 않고 설사 우리가 하나님을 믿는다 하더라도 하나님과 우리 사이에는 너무 큰 차이가 있기 때문입니다. 하나님은 온 우주를 창조하셨는데 우리가 무슨 재주로 천지를 창조할 수 있겠습니까? 우리는 눈에 보이지 않는 하나님을 본받을 수는 없습니다.

2. 우리가 본받을 수 있는 하나님

사람들은 자기 자신은 모르지만 하나님을 본받고 있는 것이 있습니다. 그 하나가 창조하고 일하는 것입니다. 우리 인간은 우주는 창조하지 못하지만 스마트폰이나 텔레비전, 비행기 같은 것을 만들어내고 있습니다. 최근에는 전기자동차를 만들어서 인기를 끌고 있습니다. 또 인간은 지식을 축적해서 수많은 책을 저술하고 문화를 만들었습니다. 또 인간은 정의감이 있어서 나름대로 불의를 보면 분노하고 정의를 실현하기 위하여 재판을 합니다. 인간은 전기를 만들어서 수많은 기계를 돌리고 건물 안을 따뜻하게 하거나 시원하게 하고 있습니다. 인간은 그림을 그리고 음악을 창작하고 문학 세계를 만들고 있습니다. 의학은 발달해서 사람들이 거의 백 세까지 살게 되었습니다. 그러나 성경이 하나님을 본받으라고 하는 것은 그런 것을 말하는 것이 아닙니다.

우리는 하나님의 성품이나 능력의 만분의 일이나 천만분의 일도 본받지 못할 것입니다. 그러나 하나님은 우리가 하나님을 본받을 수 있도록 하나님의 아들을 이 세상에 보내셨습니다. 우리가 어떻게 보면 예수님은 본받을 것이 없는 분 같습니다. 예수님은 가난하셨고 무식하셨고 사람들에게 배척을 많이 받으셨습니다.

5:2상, "그리스도께서 너희를 사랑하신 것 같이 너희도 사랑 가운데서 행하라"

첫째로, 예수님은 우리를 사랑하셨습니다. 예수님은 우리를 있는 그대로 받으시고 사랑하셨습니다. 예수님은 우리를 사랑하는데 조건을 달지 않으셨습니다. 예수님은 세리도 받아주시고 창녀도 받아주시고 한센병 환자와 맹인도 있는 그대로 받아주셨습니다. 예수님은 사람을 대하는 데 차별이 없으셨습니다.

물론 예수님이라 해도 우리가 본받을 수 없는 것이 있습니다. 예를 들어서 물이 포도주가 되게 한다든지 물 위를 걸으시거나 죽은 자를 살리는 것 등은 본받을 수 없습니다. 이런 것은 하나님의 초자연적인 능력이기 때문입니다. 그러나 예수님은 원수를 사랑하라 하셨고 나를 미워하는 자를 위하여 기도하라고 하셨습니다. 이런 사랑은 작게나마 본받을 수 있습니다. 예수님은 삭개오를 사랑하셨습니다. 그는 키가 아주 작고 금전적으로 부정이 심한 사람이었습니다. 그러나 예수님은 삭개오의 집에 가서 하루를 유하셨습니다.

둘째로, 예수님은 이 세상에서 다른 것은 다 물리치시고 오직 하나님의 말씀 하나 붙들고 사셨습니다. 예수님은 40일을 굶주리셨을 때 돌로 떡을 만들어 먹으라는 마귀의 유혹에 대하여 "사람이 떡으로만 살 것이 아니요 하나님의 입으로부터 나오는 모든 말씀으로 살 것이라"(마 4:4)고 대답하셨습니다. 예수님은 예루살렘에서 어린이들이 떠들며 찬양할 때 하지 못하게 하라는 대제사장의 명령에 대하여 하나님은 어린이와 젖먹이의 입에서 나오는 찬양을 깨끗케 하셨다고 말씀하셨습니다(마 21:16). 예수님은 예루살렘에 입성하실 때 걸어갈 수도 있고 말을 탈 수도 있었지만 나귀 새끼를 타셨습니다(마 21:7). 예수님은 하나님의 말씀만 믿고 십자가에 죽기까지 하셨습니다.

우리가 하나님의 말씀만 붙들 때 하나님의 맛이 납니다. 예수님에게는 하나님의 맛이 났습니다. 그러나 오늘 사람들은 교회가 맛이 없다고 합니다. 그 이유는 하나님의 말씀만 붙들지 않고 자꾸 다른 것을 붙들려고 하기 때문입니다.

셋째로, 예수님은 모든 것을 믿음으로 하셨습니다. 예수님은 이 세상에서 그 어떤 것도 자신이 하고 싶은 대로 하지 않고 하나님의 뜻에 복종하셨습니다(요 6:38). 예수님은 하나님의 뜻을 이루어드리는 것이 자신의 양식이라고 말씀하셨습니다.

그래서 예수님은 자신을 희생의 제물로 생각하셨습니다.

5:2하, "그는 우리를 위하여 자신을 버리사 향기로운 제물과 희생제물로 하나님께 드리셨느니라"

이스라엘에서 가장 불쌍한 동물은 제사로 바쳐지기 위하여 죽어야 하는 양이나 소일 것입니다. 다른 양이나 소는 들판에서 풀을 뜯고 뛰어놀면서 다니지만 제단에 바쳐진 제물은 줄에 이끌려 성전에 가서 칼에 찔려 죽습니다. 그리고 그 모든 내장과 몸과 껍데기까지 불로 태웁니다. 예수님은 "내가 섬김을 받으러 온 것이 아니요 도리어 섬기려 하고 속죄의 제물이 되기 위하여 오셨다"(마 20:28)고 하셨습니다. 예수님은 아무것도 가진 것이 없으셨습니다.

얼마 전에 어떤 스님이《무소유》라는 책을 써서 유명했습니다. 그래도 그는 거처할 오두막이라도 있었습니다. 그러나 예수님은 "인자는 머리 둘 곳이 없다"(마 8:20)고 하셨습니다. 물론 우리가 완전한 거지가 될 수는 없지만 너무 부자가 되지 않기 위하여 욕심을 조절할 수는 있을 것입니다.

그리고 예수님은 성령이 임하시는 것을 가장 중요하게 생각하셨습니다. 그래서 예수님은 제자들에게 예루살렘을 떠나지 말고 약속하신 성령이 오실 것을 기다리라고 말씀하셨습니다(행 1:4). 성령이 부어지는 것이 부흥입니다. 부흥이 일어날 때 그리스도인들은 가장 강할 수 있습니다. 우리는 가장 부요할 수 있습니다.

예수님의 인생도 소중했습니다. 예수님은 마음만 먹었더라면 세계 최고의 학자나 의사가 되시거나 수많은 업적을 남길 수 있었을 것입니다. 그러나 예수님은 우리 죄를 대신 갚기 위하여 젊음도, 행복도 포기하시고 고통스럽게 십자가 위에서 죽으셨습니다.

3. 더러운 자들

　예수 그리스도를 믿고 하나님의 자녀가 되었는데 하나님을 버리고 세상으로 돌아가는 자가 있느냐 하는 것입니다. 그것에 대하여 얼마든지 있을 수 있다고 말하고 있습니다. 그 대표적인 사람이 구약에서는 사울과 발람이고, 수많은 거짓 선지자들입니다. 그리고 신약에서는 가룟 유다를 들 수 있습니다. 사도 바울은 디모데에게 편지하면서 "데마는 이 세상을 사랑하여 나를 버리고 데살로니가로 갔고"(딤후 4:10)라고 했습니다. 그리고 어떤 사람들은 개가 그 토한 것을 도로 먹고 돼지가 그 뒹굴던 곳에서 다시 뒹구는 것처럼 옛날 행위로 돌아가고 있다고 했습니다.

　하나님은 우리를 택하셔서 예수 믿게 하신 후에 우리의 믿음이 부족하고 또 다시 죄에 빠진다고 해서 우리를 버리는 경우는 없습니다. 왜냐하면 우리의 가슴 속에는 성령의 인치심이 있고, 이 인친 것이 벗겨지기 전에는 언제나 하나님의 백성이기 때문입니다. 그러나 자기가 명백하게 공개적으로 그리스도를 부인하면 그 인치심이 지워지게 됩니다. 그 대표적인 사람이 가룟 유다이고 사울 왕입니다. 가룟 유다는 예수님을 배신했고 사울은 무당을 찾아갔습니다. 이것이 하나님을 배신하는 것입니다. 베드로는 굉장히 위험했습니다. 베드로는 예수님이 잡히시던 밤 세 번이나 주님을 모른다고 부인했기 때문에 아마 그 인치심이 지워졌을 것입니다. 그러나 그가 닭이 우는 소리를 듣고 밖에 나가서 통곡하면서 회개했을 때 인치심이 다시 보이기 시작했을 것입니다.

　히브리서에서는 복음을 듣고 예수를 믿는 후 성령의 능력을 맛보고도 주님을 부인하는 자는 주님을 두 번씩이나 십자가에 못 박는 자라고 했습니다(히 6:6). 이것은 주님을 짓밟는 것이라고 했습니다. 그러나 우리가 인간이기 때문에 개가 토했던 것을 도로 먹는 것 같이 죄를 도로 짓고 뒹굴던 진흙에서 다시 뒹군다고 해서 지옥에 가지는 않습니다. 왜냐하면 이런 죄는 다시 씻으면 되기 때문입니다. 그래서 누구든지 자신이 예수를 믿지 않는다고 공개적으로 부인하기 전에는 결코 하나님으로부터 버림받지 않습니다.

그런데 개가 그 토한 것을 도로 먹고 돼지가 뒹굴던 진흙에서 도로 뒹구는 것이 무엇인가 하는 것입니다. 개는 무엇이 깨끗하고 더러운지 잘 인식이 되지 않는 것 같습니다. 그리고 돼지는 진흙에 뒹굴어야 파리나 모기가 덜 물기 때문에 아무리 씻겨 놓아도 또 옛날 뒹굴던 곳을 찾아가서 뒹군다는 것입니다. 그러나 하나님의 백성은 그렇게 해서는 안 됩니다. 한번 토했던 것은 냄새가 나기 때문에 버려야 하고 더 이상 진흙에서 뒹구는 대신에 살충제나 방충망을 써야 할 것입니다. 그런데 본문은 우리가 토한 것이 무엇인지 말씀하고 있습니다.

5:3, "음행과 온갖 더러운 것과 탐욕은 너희 중에서 그 이름조차도 부르지 말라 이는 성도에게 마땅한 바니라"

여기서 사도 바울은 우리가 옛날에 먹고 토하고 먹고 또 토했던 것이 무엇인지 말씀하고 있습니다. 우선 세 가지를 말씀하고 있는데 첫째가 음행이고 두 번째가 더러운 것이고 세 번째가 탐욕입니다.

"음행"은 남자가 매춘하는 곳을 찾아가거나 혹은 이웃의 아내나 처녀를 탐하는 행위입니다. 지금 매춘은 법으로 금지되어 있고 이웃의 아내나 처녀를 추행하는 것도 법으로 엄격하게 처벌하고 있습니다. 세상 사람들도 해서는 안 되는 일을 하나님의 자녀들이 해서는 안 되는 것입니다. 그리고 다른 여성이 좋은 남자 만나서 행복하게 사는 것을 바라야 합니다.

또 "온갖 더러운 것"은 우상숭배를 말하는 것 같습니다. 하나님의 자녀들이 우상을 찾고 점을 보러 다니고 굿을 하는 것은 모두 더러운 짓입니다. 그런데 교회 다니는 사람들이 점을 치는 경우가 많다고 합니다. 이것은 하나님을 부인하는 단계입니다. 그리고 크리스천 중에서도 명상을 한다고 하면서 템플스테이를 한다고 하는데 그것은 안 되는 것입니다.

그리고 세 번째가 "탐욕" 입니다. 탐욕은 다른 사람이 가지고 있는 것이나 자기의 것이 아닌 것을 가지려고 하는 행위입니다. 사람들은 누구든지 좋은 것이 있으면 가지고 싶어 합니다. 백화점의 좋은 물건이나 남들이 가지고 있는 좋은 보석이나 책을 가지고 싶어 합니다. 그러나 하나님의 자녀는 하나님이 나에게 더 좋은 것을 주신다는 것을 믿어야 합니다. 우리는 남의 것이 필요하지 않습니다.

돼지나 야생 동물들은 몸이 가려운 것을 피하려고 진흙이나 더러운 오물이 있는 곳에 누워서 뒹구는 행동을 합니다. 그 동물은 목욕할 줄 모르기 때문에 더러운 오물에 뒹구는 것입니다.

5:4, "누추함과 어리석은 말이나 희롱의 말이 마땅치 아니하니 오히려 감사하는 말을 하라"

여기서 강조하는 것은 말하는 습관입니다. "누추함" 이라는 것은 옷이 누추한 것을 말하는 것이 아니라 누추한 사람들이 쓰는 욕설을 의미하는 것입니다. 하나님의 백성은 천상의 언어를 사용해야지, 더러운 욕설을 사용해서는 안 됩니다. 그런데 사람들이 화가 나면 욕을 하게 됩니다. 대개 이 욕들은 성과 관계되는 말입니다. 요즘은 공중 텔레비전에서는 욕을 쓰지 않지만 영화에서는 욕을 많이 쓰는 것 같고 학생이나 남자들은 일상생활에 욕을 많이 쓰는 것 같습니다. 어떤 사람은 욕을 쓰지 않으면 아예 말이 되지 않는 사람도 있습니다.

"어리석은 말" 은 의미 없는 농담을 말합니다. 그저 사람을 웃기려고 하는 말을 뜻합니다. 좌우간 최근에는 우리나라 텔레비전에서 개

그가 죽어버렸습니다. 그것은 프로그램 자체가 없어졌기 때문입니다. 또 "희롱하는 말"은 남을 놀리는 말이나 약을 올리려고 하는 말을 뜻합니다. 남을 비꼬고 남의 인격을 깎아내리는 말을 하면 언젠가 자기에게 그 말이 돌아오게 됩니다.

그런데 이런 말을 습관적으로 사용하는 사람은 구원을 얻지 못합니다. 왜냐하면 자기 스스로 하나님 자녀의 권세를 버렸기 때문입니다.

5:5, "너희도 정녕 이것을 알거니와 음행하는 자나 더러운 자나 탐하는 자 곧 우상 숭배자는 다 그리스도와 하나님의 나라에서 기업을 얻지 못하리니"

처음에 말한 토한 것을 다시 강조하고 있습니다. 음행, 더러운 것, 탐하는 것입니다. 습관적으로 음행하는 자나 점을 치거나 우상을 찾는 자, 남의 것을 탐하는 자에게는 하나님의 나라에서 기업이 없습니다. 그들은 참 엄청난 축복의 문에 가까이 왔지만 세상 욕심이 아까워서 그 문안에 들어가지 못합니다. 세상에 속이는 자들이 있습니다. 이 사람들은 이미 구원을 받았기 때문에 아무리 욕심을 내어도 되고 또 죄를 지어도 회개만 하면 된다고 헛된 말로 가르치고 있습니다. 그들에게 하나님의 진노가 임할 것입니다(엡 5:6).

그래서 말이 깨끗해야 합니다. 그리고 내 것이 아닌 것은 가질 생각을 해서는 안 됩니다. 왜냐하면 그것이 탐심이기 때문입니다. 그리고 우상은 절대로 가까이해서는 안 됩니다. 아무리 답답한 일을 만나고 미래가 막혀도 점을 치거나 병을 낫게 하기 위해서 우상을 찾으면 천국의 복을 사기당하게 됩니다.

18

빛의 열매

에베소서 5:8-14

몇년 전에 태국의 유소년 축구선수 12명과 코치가 휴가 때 긴 굴속에 들어갔다가 홍수가 나면서 그 굴속에 갇히게 되었습니다. 소년 12명이 없어졌으니까 태국은 난리가 났습니다. 그래서 아무리 이 소년들을 찾아도 발견할 수 없으니까 그 굴을 의심하게 되었습니다. 그 굴은 상하로 꾸불꾸불하게 되어서 중간이 물에 막혀 있었습니다. 태국 정부는 잠수부에게 그 동굴 속을 탐사하게 했습니다. 결국 오랜 시간에 걸쳐 탐사한 결과 굴 끝부분에서 굶어서 지쳐 쓰러져 있는 소년들을 발견하게 되었습니다. 다행스럽게도 실종된 소년 중에 죽은 아이는 없었습니다. 단지 물과 양식이 떨어져서 아이들이 탈진해서 쓰러져 있었던 것입니다. 구조대는 가장 먼저 아이들이 있는 곳에 빛을 설치하여 안심시키고 물을 마시게 해서 탈진에서 깨어나게 했습니다. 그리고 그 아이들에게 모두 잠수 장비를 착용시켜 한 명씩 밧줄을 타고 구조대를 따라 밝은 천지로 나오게 했습니다. 그래서 아이들은 모두 다 살게 되었습니다. 이 아이들은 굴에 들어가는 바람에 어둠의 아이들, 죽음의 아이들이 될 뻔했는데 정부의 구조를 받아서 생명의 아이들, 빛의 아이들이 되었습니다.

성경 말씀은 이 세상 모든 사람은 험한 바다에 빠져서 허우적거리는 사람들로 비유하고 있습니다. 이 세상 모든 사람은 바다에 빠져서 허우적거리고 있는 사람들입니다. 그렇지 않으면 배가 서서히 침몰하고 있는데 그것을 모르고 있는 사람들입니다. 그런데 복음은 서치라이트입니다. 바다에 빠진 사람들을 비추는 빛이고 빠져가고 있는 배에서 갑판에 나와 있는 사람들을 비추는 빛입니다.

1. 빛의 사람들

만약 우리가 어두운 굴에 빠져 있고 빛이 없는 지하실에 갇혀 있다면 우리는 죽어가고 있는 것입니다. 그러면 살기 위해서 무엇이든지 다 잡아먹을 것입니다. 쥐는 물론이고 바퀴벌레나 구더기까지도 양분이 있는 것이라면 다 잡아먹고 살려고 할 것입니다. 또 목이 마르면 바위에 붙은 물을 핥아먹을 것이고 어떻게 해서든지 거기서 살아나오려고 할 것입니다. 그러나 밖에 있는 사람들은 우리가 어디에 있는지 모르고 살아 있는지 죽었는지도 모릅니다. 이때 실종된 사람들에게 가장 무서운 것은 자기가 죽었을 것이라고 생각해서 수색을 포기해버리는 것입니다. 그러면 이 사람은 살 가능성이 없어지게 됩니다.

5:8, "너희가 전에는 어둠이더니 이제는 주 안에서 빛이라 빛의 자녀들처럼 행하라"

그래서 하나님께서는 절망 가운데 있는 우리에게 빛을 보내십니다. 이 빛은 바로 복음을 말합니다. 사람에게 일단 복음이 비치었다고 하면 하나님은 구조대를 보내어서 그를 그 어두운 굴이나 지하실에서 끌어내십니다. 그래서 죽어가던 소망 없는 사람을 살아 있는 사람이 되게 하시는 것입니다. 우리는 옛날에는 빛이 없는 굴에 빠져 있었고 바다에 둥둥 떠다니는 사람이었습니다. 그런데 하나님께서는 예수님에게 빛을 주셔서 우리에게 그 빛을 비추시고 우리를 어둠에서 끌어내셨습니다. 그다음에는 우리를 안전한 곳으로 데리고 가십니다. 옛날에 우리는 죽음 안에 있었는데 지금은 확실히 살아 있습니다. 바로 그 죽음이 어둠이고, 생명은 빛입니다. 우리는 이제 더 이상 공포에 빠질 필요가 없고 미래에 대하여 불안해할 필요가 없습니다. 이제는 빛의 사람들처럼 살아야 합니다.

그러나 사람들은 한번 이런 일을 겪으면 트라우마가 상당히 오래 간다고 합니다. 만약 전쟁터에서 살아 돌아온 사람이 있다면 그는 밤에 자기만 하면 옆에서 박격포나 대포가 터지고 동료들의 팔다리가 잘려서 날아가고 자기는 죽으라고 총을 쏘는 꿈을 매일 꿀 것입니다. 예전에 페루 탄광에 매몰되었다가 구조된 광부들의 이야기를 들어보면 정상적으로 사는 사람들이 거의 없다고 합니다. 그들은 잠만 자면 아직 땅속에 파묻혀 있고 사방은 캄캄하고 살아날 가망이 없는 절망 가운데 빠져 있어서 많은 사람이 알코올 중독이나 대인 기피증을 앓거나 마약을 한다고 합니다.

저는 군대를 제대하고 20년이 지났는데도 밤에 잠을 자면 가끔 옛날 사관후보생대에 입대해서 훈련받는 꿈을 꿉니다. 그래서 제가 교관에게 "나는 이미 제대했고 장교제대중까지 있다."고 해도 교관은 "지난번 군생활은 무효이고 자네는 다시 훈련받고 군생활을 해야 하네."라고 말하는 꿈을 꿉니다. 그리고 어떤 때는 대학생활로 돌아가서 시험을 치는데 감독하는 교수에게 "저는 이미 이 학교를 졸업한 사람입니다."라고 말해도 "그때 성적이 나빴기 때문에 자네는 다시 이 과목을 시험을 쳐야 하네."라고 대답하는 꿈을 꿉니다. 그래서 저는 여러 번 군대 훈련을 받아야 했고 시험도 여러 번 쳐야 했습니다.

본문은 "이제는 주 안에서 빛이라 빛의 자녀들처럼 행하라"고 권면합니다. 이제 우리는 구조를 받았고 환한 빛 가운데로 나왔습니다. "주 안에서 빛이라"는 말은 생명이나 기쁨이라는 뜻입니다. 그런데 우리에게는 아직 트라우마가 남아있어 아직 굴속에 갇혀 있고 바다에 빠져 있는 착각을 하는 것입니다. 우리에게 빛의 자녀들처럼 행하라고 했는데, 우리가 어떻게 하면 이런 트라우마를 벗어버리고 당당한 빛의 삶을 살아갈 수 있을까요? 우리는 이제 행복해야 하는데 행복하지 않습니다. 그래서 하나님은 우리를 다시 물에 빠진 자들이나 굴에 갇힌 자들을 건지기 위해 보내십니다. 그러면 우리는 그 사람을 건지려고 노력하다 보면 우리 자신의 트라우마에서 벗어나게 되는 것입니다.

5:9, "빛의 열매는 모든 착함과 의로움과 진실함에 있느니라"

어둠에서 건짐을 받은 사람들을 보면 부들부들 떨면서 공포에 빠져 있습니다. 우리는 그 사람들을 위로하고 옛날에는 나도 그런 공포를 느꼈노라고 경험의 말을 해줍니다. 우리가 지금 살아있다는 것이 얼마나 감사한 일입니까? 우리는 나쁜 일을 할 시간이 없습니다. 우리는 다른 사람에게 심술을 부리거나 나쁘게 대할 이유가 없습니다. 왜냐하면 우리는 지금 살아있기 때문입니다.

여기서 "착함"이라는 것은 우리도 어두운데 빛을 비추어서 한 명이라도 더 살리려고 하는 행동입니다. 우리 주위에는 죽어가는 사람들이 너무 많습니다. 우리는 한 명이라도 더 살려야 합니다. 그리고 "의로움"은 예수를 믿게 하는 것입니다. 복음을 듣기만 해서는 안 되고 예수를 주로 믿어야 한다고 해야 합니다. 그리고 "진실함"은 이 믿음을 지켜나가는 것입니다. 즉 자기 이익을 위해서 남을 이용하는 것은 진실하지 않은 것입니다. 우리는 이익이 되든지 손해가 되든지 말씀대로 살아야 합니다. 하나님의 백성은 믿을 수 있어야 합니다.

2. 시도해 봐라

5:10, "주를 기쁘시게 할 것이 무엇인가 시험하여 보라"

한때는 '트라이'라는 내의가 인기를 끈 적이 있습니다. '트라이'는 '시도하다'는 뜻을 가지고 있습니다. 우리는 하나님의 뜻을 다 알 수 없습니다. 우리가 가장 궁금해하는 것은 나에 대한 하나님의 뜻이 무엇일까 하는 것입니다. 교사가 되는 것일까요? 아니면 피아노를 치는 것일까요? 아니면 목회를 하는 것일까요? 만일 우리가 이것을 생각만 하면 앞으로 한 걸음도 나아가지 못하고 생각만 계속하게 될 것입니다. 결국 생각만 하다 보면 아무리 세월이 지나도 제자리에 있게 되는 것입니다.

우리 앞에는 수많은 길이 있습니다. 그중에서 우리는 잘할 수 있고 하나님이 기뻐하시는 뜻을 찾아야 합니다. 그래서 하나님이 기뻐하시는 길이면 길이 열리게 되고 하나님이 원하시지 않는 길이면 길이 닫히게 될 것입니다. 우리는 길이 막힐 때 실력이 없어서 그렇다고 실망할 필요가 없습니다. 그것은 하나님이 기뻐하시지 않는 길이라서 닫히는 것입니다. 그래서 일단 길이 닫히면 하나님의 확고한 뜻이 있다고 보아야 합니다.

여기서 "시험하여 보라"는 말은 '실험하여 보라'는 뜻으로도 생각할 수 있습니다. 과학자들에게는 교과서나 강의하는 것보다 실험실에서 실험하는 것이 더 중요할 때가 많습니다. 때로는 교과서나 논문에서와 같이 실험하면 틀림없이 그 결과가 나와야 하는데 아무리 실험해도 그런 결과가 나오지 않을 때가 많이 있습니다. 그럴 때는 바른 결과가 나올 때까지 계속해서 실험해 보아야 합니다. 그런데 뛰어난 전문가가 여러 번 실험해도 도저히 연구 논문에서 나온 결과가 나오지 않으면 그 논문이 엉터리라는 사실을 찾아내기도 합니다.

또 여러 번 실험하다 보면 생각지도 않은 결과물이 나올 때도 있습니다. 예를 들어서 듀폰이라는 회사가 무슨 화학 실험을 했습니다. 그런데 자기들이 원하는 결과는 나오지 않고 이상한 실 같은 것이 부산물로 나오게 되었는데 그것이 나일론이었습니다. 그 후에 나일론이 얼마나 많이 팔렸는지 모릅니다. 그래서 우리도 하나님의 뜻이라고 생각될 때는 전력을 다해서 투자할 것이 아니라 일단 실험실에서 실험하듯이 조금 시도해 보는 것입니다. 그런데 어떤 때는 생각하지도 않는 결과가 나오는데 그것이 하나님의 뜻일 때가 있습니다.

5:11, "너희는 열매 없는 어둠의 일에 참여하지 말고 도리어 책망하라"

사람은 빛에 나온다고 해서 열매가 맺히지 않습니다. 열매가 맺히는 것은 반드시 열매 맺는 나무가 햇빛에 나와야 하는 것입니다. 그러나 자꾸 노력하다 보면 행위의 열매를 맺을 수 있습니다. 예를 들어서 약 중에는 간질 환자들을 위해서 개발된 약이 있습니다. 그런데 나중에 보니까 그 약이 우울증에 아주 탁월한 효능이 있는 것으로 밝혀졌습니다. 그래서 의사들은 그 약을 '신이 내린 약'이라고 하기도 합니다. 또 아스피린을 단순한 해열제라고 생각해서 처방했는데 이것이 심장병을 예방하는 데 효과 있는 것으로 발견되기도 했습니다.

그래서 실험해 보는 것이 중요합니다. 물론 실험은 많은 실패를 전제로 하고 시작하는 것입니다. 우리는 얼마든지 실패할 수 있습니다. 그러면 그것을 조금 바꾸어서 또 해보면 되는 것입니다.

기드온은 미디안과 싸울 자신이 없었습니다. 그래서 하나님이 정말 자기와 함께 하시는지 실험해 보았는데 그것은 바로 양털의 실험이었습니다(삿 6:36-40). 기드온은 "하나님이 함께 하시면 양털에만 이슬이 내리게 해 달라"고 기도한 것입니다. 그런데 정말 그렇게 되었습니다. 기드온은 이것이 우연일 수도 있다고 생각해서 "오늘 저녁에는 양털에만 이슬이 내리지 않고 땅에 이슬이 내리게 해 달라"고 기도했습니다. 그랬더니 또 그대로 되었습니다. 이에 기드온은 자신감을 가지고 미디안과 싸워 승리하게 되었습니다.

우리는 작은 실험을 자꾸 해보아야 합니다. 그러면 열매가 맺힙니다. 우리는 지금까지 돈이나 명예 같은 것만 생각했고 남을 속이는 일만 생각했습니다. 그러나 그런 일들은 열매가 없는 일입니다. 거기에는 새로운 것이 없습니다. 전부 남의 돈이나 자리를 뺏는 것밖에 없습니다. 이런 사람들은 빛을 볼 자격이 없는 사람들입니다.

이제는 새로운 것을 실험해 보아야 합니다. 즉 누구든지 어두운 일을 하면 어둠의 일에 참여하지 말고 "도리어 책망하라"는 것입니다. 누군가가 노름을 하거나 술을 마시자고 하거나 학생이 담배를 피우거나 누군가를 폭행하면 보기만 하지 말고 책망하라는 것입니다. 그러면 이 사람들의 마음에도 양심이 있어서 나쁜 일을 중단하고 도망을 치게 됩니다. 우리 예수 믿는 사람들이 모두 빛의 아들처럼 행하면 온 세상에 빛이 가득하게 될 것입니다. 그러나 예수 믿는 사람도 세상에서 직장을 잃는 것을 두려워합니다. 우리가 세상에 직장이 없는 것은 온전한 제사장으로 교회에서 기도와 말씀에 힘쓰라는 절호의 찬스입니다.

어두운 일들은 입에 담기에도 부끄럽다고 했습니다.

5:12, "그들이 은밀히 행하는 것들은 말하기도 부끄러운 것들이라"

성적으로 타락한 짓이나 남의 돈을 빼앗아서 게임을 하거나 마약을 하는 것 등은 정말 입에 올릴 수도 없는 부끄러운 일입니다. 이것은 높은 자리에 있는 사람들도 마찬가지입니다. 이런 죄는 "말하기도 부끄러운 것"입니다. 이런 것은 책망해야 합니다. 그러면 세상에서는 부끄러움을 당하겠지만 회개하고 예수 믿을 가능성이 많이 있습니다.

> 5:13, "그러나 책망을 받는 모든 것은 빛으로 말미암아 드러나나니 드러나는 것마다 빛이니라"

우리가 하나님의 말씀으로 책망하면 모든 것이 다 드러나게 되어 빛이 비치게 됩니다. 그 안에 있는 추하고 더러운 것들이 다 드러나면서 결국 그런 생활을 버리게 되는 것입니다. 그러나 숨어서 그런 짓을 계속하면 자기 양심도 편치 못하고 늘 죄의식을 가지고 살기 때문에 계속 어둠 속에 있게 됩니다.

3. 잠자는 자를 깨우라

어떤 사람들이 동굴 속에 갇혔는데 구조대가 도착해보니까 모든 사람이 탈진해서 기절해 있거나 자포자기하고 잠만 자고 있었습니다. 동굴 속은 항상 캄캄해서 지금이 낮인지 밤인지 알 수 없기 때문입니다. 그러면 구조대원들은 그들을 깨우고 정신을 차리게 해야 합니다.

> 5:14, "그러므로 이르시기를 잠자는 자여 깨어서 죽은 자들 가운데서 일어나라 그리스도께서 너에게 비추이시리라 하셨느니라"

안타까운 것은 우리 주위에 너무나도 많은 사람이 동굴 속에서 잠들어 있고 기절해 있다는 것입니다. 이 사람들을 향해 소리를 쳐서 깨워야 하는데 오히려 그들은 조용한 것이 좋다고 하며 시끄럽게 깨우지 말라고 합니다.

만일 배가 침몰하는데 누워서 잠만 자고 있다면 결국 이 사람은 죽을 것입니다. 그들은 용기 내어서 자리에서 일어나야 합니다. 즉 우리는 이 세상이 주는 안일함에 만족하지 말고 자리에서 일어나서 지금 내가 어떤 형편과 처지에 있는지 살펴보아야 합니다. 왜냐하면 일어나라고 깨우는 이유는 그리스도께서 빛을 비추고 있기 때문입니다.

그리스도는 길이요 진리요 생명입니다. 그러나 사람들은 이 세상이 주는 길에 너무 집착하고 세상의 진리에 너무 매력을 느낍니다. 그리고 죽는 것을 생각하지 않습니다. 왜냐하면 지금 건강하기 때문입니다. 그러나 나이가 50 중반이 넘으면 죽음이 어디서나 숨어서 우리를 노리고 있습니다. 저는 그것을 느낄 수 있습니다. 그러나 예수님의 빛이 비치면 죽음은 가까이 오지 못합니다. 그리고 주님은 우리를 하나씩 치료해 주셔서 온전하게 해주십니다.

19

지혜의 사용

에베소서 5:15-20

리는 보통 지혜 있는 사람이라고 하면 공부를 많이 해서 남들이 모르는 것을 많이 알고 말도 조리 있게 잘하는 사람이라고 생각합니다. 이런 사람들은 자신의 지식을 사용해서 새로운 이론이나 물건을 많이 만들어낼 수 있을 것입니다. 그러나 학교에서 배운 지식이나 교과서적인 지식은 실제상황에 사용하려고 하면 그대로 안 되는 경우가 많습니다. 그래서 무슨 아이디어가 있다고 해서 바로 상품이 되는 것이 아닙니다. 실험실에서 성공한 것도 상용화하면 문제가 많이 생깁니다.

옛날에 세탁기라고 하면 미국의 드럼 세탁기만 생각했는데 우리나라에도 한평생 세탁기만 연구한 사람이 있었습니다. 이 사람이 봉 세탁기, 드럼세탁기, 건조세탁기 등을 개발하면서 우리나라 세탁기가 세계 최고가 되었습니다. 그래서 지식과 지혜가 같이 가면 좋은데 대개 지혜가 먼저 가고 그 뒤에 지식이 따라오는 형편입니다. 우리가 사용하고 있는 스마트폰에는 15,000개의 특허기술이 들어있다고 합니다. 그래도 새로운 기술이 많이 개발되고 있습니다.

우리 교회 어떤 자매는 회사가 영국 런던에 있는데 한국에서 근무합니다. 왜냐하면 코로나 팬데믹 때문에 회사에 출근하지 않아도 인터넷망이 세계에 다 깔려 있어서 얼마든지 일을 할 수 있기 때문입니다. 어떤 형제는 본사가 미국 샌프란시스코에 있는데 대구에서 일을 합니다. 인터넷망이 연결되어 있으므로 어디서 일을 하든지 똑같이 할 수 있기 때문입니다. 이런 것을 보면 인간이 머리를 쓰면 얼마든지 편하고 효율적으로 일할 수 있는 것을 알 수 있습니다.

사람은 또 한 번의 인생이 없습니다. 이번 한 번의 인생으로 모든 것이 끝나는 것입니다. 그래서 우리에게는 바른 지혜가 필요합니다.

1. 바른 지혜의 사용

저는 부러운 사람이 있습니다. 그중의 한 사람이 어니스트 헤밍웨이입니다. 그는 '마더 콤플렉스'가 아주 심한 사람이었습니다. 헤밍웨이는 집이 싫어서 가출하고 당시 오스트리아와 전쟁 중이던 이탈리아에 가서 앰블런스 운전 장교를 하게 됩니다. 그런데 그는 폭탄 파편이 다리에 떨어져 다리뼈가 다쳐서 병원에 실려가고 거기서 한 간호사와 사귀게 되는데, 그때 경험으로 《무기여 잘 있거라》라는 작품을 쓰게 됩니다. 또 그는 스페인 내전에 종군 기자로 참전했던 경험을 기초로 《누구를 위하여 종을 울리나》라는 작품을 쓰게 됩니다. 헤밍웨이는 여러 번 결혼했는데 아마도 새로운 작품을 쓸 때마다 결혼한 것 같습니다. 그는 사냥과 낚시를 즐겼으며 매일 포도주를 한 병씩 마시다가 알코올 중독자가 되었습니다.

그는 오랫동안 작품을 쓰지 못하다가 마지막으로 《노인과 바다》를 썼습니다. 그 내용은 늙은 노인 산티아고가 85일 동안 고기를 잡지 못하다가 먼 바다에 나가서 큰 고기를 잡지만 오면서 물고기가 상어 떼에 다 물어뜯긴다는 내용의 이야기입니다. 이 작품으로 헤밍웨이는 퓰리처상과 노벨 문학상을 받습니다. 그는 나이가 들어서 늙었어도 작품을 쓸 수 있다는 것을 보여주었습니다. 그런데 그는 병이 심해서 노벨상 시상식장에 가지도 못합니다. 그리고 얼마 후 그는 엽총으로 자살을 합니다. 그는 글을 쓸 때마다 자기가 경험한 것을 썼고 그의 글을 읽으면 마치 현장에 있는 것 같은 생생한 느낌이 들게 됩니다.

그리고 또 한 사람은 우리가 잘 아는 헨델입니다. 헨델은 오페라에서 시작하여 인기를 끌다가 실패하고 두 번이나 심장 발작이 일으켜서 사람들은 헨델의 시대는 끝이 났다고 조롱하는 벽보를 붙이기도 했습니다. 그런데 그는 아일랜드의 가난한 사람을 위한 오페레타를 작곡해 달라는 요청을 받고 오직 성경 말씀만 가지고 〈메시아〉를 작곡해서 세계적인 명성을 날리게 됩니다.

이 두 사람 모두 자기 지혜를 사용해서 세계적으로 유명하게 되었지만 헤밍웨이는 알코올 중독과 자신의 상상력 고갈로 엽총 자살을 해버렸습니다. 그러나 헨델은 그 후 여러 차례 자신이 직접 작곡한 메시야를 지휘했고 영국 왕 앞에서도 지휘하는 영광을 얻게 됩니다.

5:15, "그런즉 너희가 어떻게 행할지를 자세히 주의하여 지혜 없는 자 같이 하지 말고 오직 지혜 있는 자 같이 하여"

우리는 단 한 번밖에 없는 인생을 사는데 대충대충 되는대로 살 것이 아니라 "자세히 주의하여" 지혜 있는 자 같이 행해야 합니다. 그래서 자신의 인생 전체가 엉터리 인생이 되지 않고 정말 가치 있는 인생이 되도록 노력해야 할 것입니다. 모든 사람에게는 젊었을 때 성공에 대한 욕망이 있습니다. 그래서 성공을 위해서 수단과 방법을 가리지 않고 또 성공하면 교만해서 약한 자를 괴롭히다가 늙어서는 명예욕이나 돈에 대한 욕심이 많아지게 됩니다. 그렇지 않으면 실패와 질병으로 고통을 받으면서 살 수밖에 없습니다. 모든 사람이 다 이런 식으로 살고 있고 그것은 결국 가치 있는 인생이 아닌 것입니다.

우리 속담에도 "우물을 파려거든 한 우물을 파라"는 말이 있습니다. 한 우물을 파서 내려가다 보면 결국 수맥과 연결되어서 물을 퍼내게 되지만, 여기 조금 팠다가 저기 조금 팠다가 하면 힘은 힘대로 들고 물을 얻지 못한다는 것입니다. 결국 사람이 성공한 것과 성공하지 못한 것의 차이라면 얼마나 좋은 음식을 먹고 얼마나 좋은 옷을 입고 얼마나 좋은 차를 타느냐의 차이밖에 없는 것입니다.

하나님께서는 하나님을 믿지 않는 사람들에게도 지혜를 주셔서 위대한 일을 하게 하십니다. 우리나라 세종대왕과 집현전 학자들이 한글을 만들었기 때문에 우리가 얼마나 이 문자를 잘 사용하고 의사소통을 정확하게 하는지 모릅니다. 우리가 만약 지금까지 한문을 쓴다면 너무나도 어렵고 불편해서 글을 배우기가 너무 어려웠을 것입니다.

21세기에 들어와서 인류에게 가장 큰 영향을 미친 사람이라면 스티브 잡스를 들 수 있습니다. 하나님은 그에게 지혜를 주셔서 아이패드를 만들게 하시고 결국 아이폰이 탄생하여 전 세계 사람들이 지금 스마트폰을 사용하고 있습니다. 이제는 사람이 어디에 있든지 전화를 걸 수 있고 영화도 보고 있습니다. 그리고 코로나 팬데믹 시대에 이것을 사용해서 교회에 나오지 못하는 분들을 위하여 영상을 띄어서 예배를 드리게 하는데 많은 성도님이 그 영상을 통하여 신앙의 유익을 얻는다고 합니다.

우리나라 교회 중 많은 교회가 목표를 잘못 잡아서 어려움을 겪고 있습니다. 즉 교회를 무작정 크게 하고 교인들을 모으고 돈을 많이 가져 큰 사업을 하려고 하다가 지금 된서리를 맞고 있는 중입니다. 코로나 팬데믹이 유행하니까 교회는 사람들이 모일 수 없고 목사들이 자식에게 교회를 상속까지 하니까 사람들로부터 불신당하고 있는 형편입니다.

　옛날 장기려 박사는 가난한 자들의 치료를 많이 도왔고, 김준곤 박사는 학생 운동과 교회 부흥에 힘썼고, 김영길 박사는 한동대를 아주 유명한 대학으로 만드는 데 성공했습니다. 영국의 로이드 존즈 목사는 14년에 걸쳐서 로마서를 설교하였는데 앞으로도 이 기록은 깨어지지 않을 것입니다.

　이 세상에서 가장 중요한 것은 무엇이겠습니까? 그것은 바로 영혼을 구원하는 일입니다. 예수님은 한 영혼이 온 천하보다 귀하다고 말씀하셨습니다. 그리고 하나님의 무지무지한 보물은 하나님의 말씀 안에 들어있습니다. 지금 이 시대가 악해지는 것은 하나님의 말씀을 멀리하는 것과 관계가 있습니다. 그리고 교회가 중요합니다. 교회가 성령 충만하면 기적이 일어나게 되고 부흥의 불이 일어나면서 마귀의 독약에 취했던 자들이 정신 차리게 됩니다.

　우리가 하나님의 지혜를 가지려고 하면 먼저 내가 가지고 있는 생각이 현실성이 있는지 생각해보아야 합니다. 우리 모두에게는 야망이 있습니다. 아마도 야망이 없으면 인생을 살아도 맥이 없이 살 것입니다. 그런데 우리는 이 야망 속에 들어있는 근본이 무엇인가 생각해 보아야 합니다. 즉 돈이나 명예냐 아니면 다른 사람에게 도움을 주기 위한 것이냐를 생각해야 합니다. 그리고 하나님의 말씀을 통하여 하나님의 음성을 듣는 훈련을 계속해야 합니다. 그러다 보면 어느 날 하나님이 나에게 지혜를 주셔서 나아갈 길이 보이는 경우가 많이 있습니다. 이것이 어떤 의미에서 영감입니다.

　나쁜 방법을 써서 성공하는 자는 지혜가 없는 자입니다. 왜냐하면 언젠가는 그의 인생 전체가 엉터리라는 것이 밝혀지기 때문입니다. 지혜 있는 자는 영원히 없어지지 않을 것을 위하여 일하는 사람입니다. 영원히 없어지지 않고 하나님 앞에서 칭찬받는 자가 지혜 있는 자입니다.

2. 세월을 아끼라

5:16-17, "세월을 아끼라 때가 악하니라 그러므로 어리석은 자가 되지 말고 오직 주의 뜻이 무엇인가 이해하라"

우리는 가끔 낭비하면서 사는 사람들을 보게 됩니다. 어떤 사람은 돈을 낭비합니다. 그래서 돈이 귀한 줄 모르고 펑펑 쓰게 되는데 나중에는 거지가 되고 노숙자가 되는 것입니다. 어떤 사람은 물이 아주 귀한 곳에 살면서 물을 아끼지 않고 펑펑 써버리는 사람도 있습니다. 물이 없는 사막에 사는 사람들은 물을 긷기 위해서 몇 시간씩 바스켓을 들고 가서 가져와야 합니다. 제가 청년 때만 해도 앞으로 물을 사 먹게 될 것이라는 말을 믿지 않았습니다. 그러나 지금 너무나도 많은 사람이 물을 사 먹고 있습니다. 그 이유는 수돗물을 신뢰하지 못하기 때문입니다.

그런데 가장 나쁜 것이 시간을 허비하는 것입니다. 시간을 물 쓰듯이 허비하는 사람들이 있습니다. 가만히 있으면 시간은 흘러가기 때문입니다. 우리가 시간을 거대한 댐에 저장해 놓고 필요할 때마다 조금씩 흘려서 사용할 수 있을까요? 그것은 불가능합니다. 시간은 마치 댐이 없는 시냇물같이 흘러서 바다로 가버립니다. 이런 시냇물을 우리가 어떻게 아껴서 쓸 수 있을까요? 가장 중요한 것은 물을 오염시키지 않는 것입니다. 시냇물에 오물을 버리면 시냇물 전체를 버리게 됩니다. 그리고 거기서 악취가 나고 물고기들은 다 죽고 그 물은 농사를 지을 때도 사용하지 못할 것입니다. 우리의 사상이 정직하고 거짓이 없는 것이 세월을 아끼는 것입니다. 어떤 사람들은 감옥에 갇혀서 10년씩 있는 사람이 있는데 그런 사람은 10년을 날려버리는 것입니다.

그리고 세월을 아껴 쓰려고 하면 계획을 세우는 것이 반드시 필요합니다. 계획 없이 닥치는 대로 일하고, 닥치는 대로 공부하면 나중에 무엇을 했는지 모르게 됩니다. 그래서 분명한 목표를 정해서 계획성 있게 일을 하고 공부를 해야 하는데, 당연히 중요한 곳에 더 많은 시간을 투자해야 합니다. 그런데 가장 중요한 것은 하나님을 위하여 시간을 바치는 것입니다. 새벽기도에 시간을 바치면, 유익한 것이 밤늦게까지 텔레비전을 보지 않게 되고 일찍 자게 되는 것입니다. 금요기도회를 위하여 시간을 떼어놓으면 교회나 마음의 부흥이 계속될 것입니다. 수요예배나 오후예배를 위하여 시간을 저축하면 사람들의 병이 낫고 자신의 사는 목표가 분명해지고 죄를 이길 수 있는 능력을 받게 될 것입니다.

가장 어리석은 일은 시간이 남는다고 해서 마음대로 여행 다니고 놀러 다니고 수다를 떠는 것에 시간을 다 허비해 버리는 것입니다. 또한 나이가 들수록 병들면 인생을 허비하게 되기 때문에 평소에 운동이나 건강을 위하여 투자를 해야 합니다. 그래서 하나님의 종이나 백성은 어리석어서는 안 됩니다. 교회에서 하는 많은 프로그램이 쓸데없는 것이라면 그것은 세월을 허비하는 것이 됩니다. 시간을 허비한 인생은 다 살고 난 후에 엄청나게 후회하면서 죽을 것입니다.

"세월을 아끼라"는 말은 하나님은 기도하는 백성에게 부흥의 때를 주시는데 몇십 년에 한 번, 혹은 몇백 년에 한 번 부흥의 기회를 주실 때 그 기회를 놓치지 않고 부흥을 일으키라는 것입니다.

다윗은 우연히 아버지 심부름을 갔다가 골리앗이라는 거인을 보게 되었습니다. 그는 피하여 숨지 않고 당당하게 싸워서 이겼고 이스라엘의 영웅이 되었습니다. 그러나 다윗은 그것으로 만족하지 않고 죽도록 하나님의 말씀을 연구해서 위대한 시편들을 남겼습니다.

3. 시대가 악하다

이 세상은 마치 썩은 물이 고인 것과 같아서 깨끗한 데가 없습니다. 그래서 우리는 종교인들이나 정치인들이 죄를 짓는다고 해서 너무 놀랄 필요는 없습니다. 그 대신 우리 자신이 이 세상의 더러운 물에 물들어서는 안 되겠습니다.

우선 세상은 전체가 더럽고 악하고 음란합니다. 그래서 우리가 세상을 좋아하고 세상을 따라가다 보면 자기도 모르게 세상의 더러운 사상에 오염되게 됩니다. 그러므로 다른 사람들이 틀렸다고 지적하기 전에 내 안에 세상 사상이 들어오지 못하도록 방어해야 합니다. 만약 댐에 조그만 구멍이 뚫어지면 그 구멍이 커져서 나중에는 댐이 무너지게 될 것입니다. 이 세상의 죄악은 쓰나미같이 밀려오고 있습니다. 그렇다면 교회는 15m 이상 되는 시멘트 둑을 쌓아서 쓰나미를 막아내어야 할 것입니다.

또 세상 사람들은 우리가 그들과 다르게 사는 것에 대하여 욕하고 비난하고 어리석다고 공격합니다. 이것은 교회 밖에서만 그러는 것이 아니라 교회 안에서도 그럽니다. 그런데 그런 공격에 상처를 입으면 어리석은 사람입니다. 상처 입을 만한 것에 상처를 입어야지 시시한 말이나 행동에 상처를 입는다면 그는 아무것도 할 수 없을 것입니다. 그래서 가슴에 의의 흉배를 붙여서 그런 시시한 말들은 튕겨내어야 합니다. 바로 그것이 우리의 열정입니다. 하나님의 백성에게 순수함과 열정이 식어버리면 결국 세상에 휩쓸리게 됩니다. 우리가 불같이 뜨거우면 시시한 지푸라기들은 다 태워버릴 것입니다. 그리고 우리가 얼음같이 차가우면 그런 시시한 것들은 다 얼려버릴 것입니다.

그러나 세상은 우리가 생각한 것보다 훨씬 심한 강도로 우리에게 스트레스를 줍니다. 결국 이 스트레스가 화병이나 우울증도 되고 조현병도 되어서 하나님의 말씀을 사모하고 말씀대로 살려고 하는 자를 정신병자나 대인기피증 환자로 만들어버립니다. 마귀는 우는 사자같이 돌아다니면서 순수한 하나님의 백성을 물어뜯어서 다치게 만들고 때로는 목숨을 빼앗아가기도 합니다(벧전 5:8). 그렇다고 해서 우리도 우는 사자가 될 수는 없습니다. 우리는 다윗처럼 물맷돌 연습을 열심히 해서 단번에 사자의 머리를 깨어야 할 것입니다. 하나님의 말씀은 좌우에 날선 검과 같이 예리하다고 했습니다(히 4:12). 그래서 이쪽으로 쳐도 마귀는 죽고 저쪽으로 쳐도 죽게 됩니다. 그러므로 하나님의 말씀이 강하게 선포되는 것이 우리의 시간을 절약하는 것입니다.

우리가 하나님의 말씀을 따라가는 것이 시간을 허비하는 것 같고 이 시대에 엄청나게 뒤지는 것처럼 보이지만, 결국 그것이 지름길로 가는 길이기 때문에 하나님의 보물 창고로 직행하게 됩니다.

그런데 실제로 전투가 벌어지면 사탄은 불화살도 쏘고 총도 쏘고 대포도 쏘기 때문에 우리는 그냥 서 있다가는 맞아 죽기 쉽습니다. 그래서 방공호를 깊게 파서 우리 몸이 노출되지 않게 해야 합니다. 그리고 아주 정확한 포를 만들어서 사탄의 진지를 박살 내야 합니다. 세월을 아끼시고 시간을 낭비하지 마시기 바랍니다. 그리고 하나님의 뜻이 어디에 있는지 깊이 생각하시기 바랍니다.

20

부부 사랑의 회복

에베소서 5:21-33

심장병 환자 중에서 심장이 아주 좋지 못한 사람은 심장 이식 수술을 해야 할 때가 있습니다. 심장 이식 수술을 하려면 일단 이식할 심장이 있어야 합니다. 그래서 심장을 기증하는 분이 돌아가셨을 때 그의 건강한 심장을 꺼내어 가장 빠른 속도로 병원으로 이송해야 합니다. 그러면 의사는 환자를 전신마취해서 가슴을 칼로 자르고 병이 나서 좋지 못한 심장은 버리고 새 심장을 달아서 핏줄을 연결하고 심장을 뛰게 할 것입니다. 이때 심장이 잘 뛰면 이 사람은 생명을 유지할 수 있지만, 무엇인가 잘못 되어 심장을 이식했는데도 제대로 뛰지 않으면 환자의 생명은 위험해지게 됩니다.

남자와 여자가 결혼하는 것은 마치 심장 이식 수술하는 것과 같습니다. 신부는 남자에게는 바로 이식되는 새 심장이라고 할 수 있습니다. 남자는 지금까지 무절제한 생활을 하면서 살아왔지만 이 낡은 심장으로 한평생을 살아갈 수 없습니다. 그에게는 펄떡펄떡 뛰는 새 심장이 필요합니다. 그래서 자신의 삶을 수술해서 아내를 맞이하게 됩니다. 남편은 결혼하면서 전신마취된 상태에서 가슴을 자르고 열어 옛날 심장을 제거하고 새 심장을 이식하는 것입니다. 새 심장이 몸에 잘 맞아서 전신에 피를 잘 돌리면 이 사람은 죽지 않고 완전한 새 인생을 살아가게 됩니다. 그는 어린아이에서 어른으로 변신하게 되고 이제는 한 사람이 아니라 두 사람이 한 몸이 되어서 살아가게 됩니다.

그런데 종종 술이 이 심장을 파괴하거나 남자의 인생을 죽게 하는 것을 보게 됩니다. 술을 마시면 판단력이 흐려지기 때문에 자기 심장도 아닌 여자를 좋아하게 되어 불륜에 빠지거나 바람을 피우는 바람에 인생을 망치게 되는 것입니다. 남편이 아내를 싫어하는 이유는 무엇입니까? 주로 결혼생활 10년 이상을 하고 나니까 아내가 늙어서 매력이 없다고 합니다. 혹은 아내가 아기를 낳은 후에는 자기는 돌보지 않고 아이에 빠져서 산다는 것입니다. 그리고 돈이 있고 세상의 지위가 있으니까 권태가 와서 다른 매력적인 젊은 여자나 남자를 사귀고 싶다는 것입니다. 이렇게 살면 모두 심장 없이 사는 꼴이 됩니다. 사람의 육체는 심장이 없으면 죽지만 인생은 심장이 없어도 살 수 있습니다. 그러나 그 사람의 형편은 짐승이나 쓰레기통과 다를 바 없는 것입니다.

1. 심장이 해야 할 것

하나님이 사람을 만드실 때 반쪽으로만 만드셨기 때문에 이성을 사모하는 마음을 주셨습니다. 그래서 사람은 누구든지 자기에게 맞는 이성을 찾아서 결합하지 않으면 영구적으로 반쪽밖에 되지 못합니다. 그래서 사람은 사춘기나 청년기가 되면 이성을 굉장히 사모하게 됩니다. 이때 좋은 이성끼리 만나 마음이 잘 맞으면 결혼하게 되지만 한 사람은 싫은데 한쪽에서만 좋아하면 이것은 일방적인 짝사랑이 되어서 결혼이 되지 않습니다.

하나님께서 사람을 만드실 때 특히 여성을 나중에 만드시고 피조물 중에서 가장 아름답게 만드셨습니다. 그래서 천사와 가장 가깝게 생긴 사람이 여성입니다. 하나님은 여성의 몸을 남자와 비슷하면서도 다르게 만드셨습니다. 어렸을 때는 남자아이와 여자아이가 별로 다를 것이 없는데, 사춘기가 되고 청년기가 되면서 확연하게 달라집니다.

사람이 결혼하는 이유는 잘난 사람들끼리 잘났기 때문에 결혼하는 것이 아니라 나에게 부족하고 없는 부분이 상대방에게 있기 때문에 마음이 당기게 되고 결혼까지 하게 되는 것입니다. 예를 들어서 성질이 급한 사람은 상대방이 차분하기 때문에 좋아하는 것이고 키가 너무 큰 사람은 반대로 키가 작은 사람을 좋아하게 되어 있습니다. 뚱뚱한 사람은 몸이 마른 사람에 마음이 끌리게 되고 반대로 몸이 마른 사람은 살이 좀 있고 뚱뚱한 사람을 좋아해서 매력을 느끼게 됩니다. 그래서 부부 사이에는 균형을 이루게 되어 있습니다.

그런데 그리스도인의 사람 관계는 가장 중요한 것이 예수님 때문에 서로 복종하는 데 있습니다.

5:21, "그리스도를 경외함으로 피차 복종하라"

이 말은 예수님이 우리에게 새 생명을 주셨기 때문에, 이 세상 모든 사람이 행복할 자격이 있고 인격이 존중될 가치가 있다는 것을 인정하라는 것입니다. 예수님은 우리 모두 사랑받게 하시기 위하여 자신의 몸을 찢어서 죽으셨습니다.

성경은 먼저 아내들에게 교훈하고 있습니다.

5:22-23, "아내들이여 자기 남편에게 복종하기를 주께 하듯 하라 이는 남편이 아내의 머리 됨이 그리스도께서 교회의 머리 됨과 같음이니 그가

바로 몸의 구주시니라"

만약 사람이 머리가 없이 몸뚱이만 살아서 돌아다닌다면 그는 괴물일 것입니다. 어떤 사람이 손은 손대로 놀고 다리는 다리대로 놀고 허리는 허리대로 움직인다면 춤을 출 때는 좋을지 몰라도 그는 정상적인 삶을 살 수 없을 것입니다. 그러나 불행하게도 남편이 머리 노릇을 하지 못해서 몸만 가지고 살아야 하는 사람들도 많이 있습니다. 남편이 알코올 중독자이거나 노름꾼이거나 바람이 나서 이혼을 졸라서 헤어지는 바람에 몸뚱이만 가지고 살아야 하는 분들이 있습니다.

영국의 유명한 작가 조앤 롤랭은 남편이 술만 마시면 집에 들어와서 때리고 돈도 벌지 않았기 때문에 이혼을 하고 아기 우윳값을 벌기 위해서 카페에서 소설 《해리 포터》를 쓰기 시작했는데, 이것이 엄청나게 히트를 치면서 억만장자가 되었습니다. 이것은 하나님께서 그의 머리가 되어주셨기 때문입니다. 만일 남편이 남편 구실을 하기 싫어서 떨어져 나가버렸을 경우에는 그리스도가 머리가 되어주시기 때문에 걱정할 필요가 없습니다. 그러나 남편이 있는 경우에는, 남편이 여성이 보지 못하는 부분을 보고 중요한 결정을 내리기 때문에 남편에게 복종하는 것이 몸이 사는 길입니다. 왜냐하면 여성은 주로 작은 것을 잘 보고 인정에 약하지만, 남성은 주로 전체적인 것을 보고 이성적으로 생각하기 때문입니다. 그래서 "아내가 남편에게 복종하기를 주께 하듯 하라"고 했습니다.

하나님은 여성을 만드실 때 아름답게 만드시고 마음이 따뜻하게 만드시고 감정적으로 풍부하게 만드시고 상상력이 뛰어나게 만드셨습니다. 그리고 여성은 잘 참고 견디며 오래 기다릴 수 있지만 다른 사람의 말을 잘 믿는 경향이 있어서 다른 사람에게 속기 쉽고 사기당하기 쉽습니다. 그리고 여성은 남자에 비해 힘이 부족합니다. 만일 여성이 힘까지 남자보다 세다고 하면 남자들을 전부 죽이든지 노예로 만들어버렸을 것입니다.

여성이 힘은 약하지만 아내가 하는 말은 남편이 다 듣게 되어 있습니다. 왜냐하면 똑똑 떨어지는 물이 바위를 뚫기 때문입니다. 그래서 술도 끊고 담배도 끊고 가기 싫은 병원도 가고 나중에는 교회에도 나오게 되는 것입니다. 저는 남편 중에서 처음에는 억지로 교회에 오더니 나중에는 정말 자발적으로 뜨겁게 믿는 사람들을 많이 보았습니다. 이 세상에서 여성만이 유일하게 사람을 만들 수 있습니다. 여성은 뱀에게 속아서 인류를 망하게 했지만, 그리스도를 낳음으로 인류를 살렸습니다. 그래서 여성이 없는 군대나 교도소를 가면 아주 살벌한 사막 같은 느낌이 들게 됩니다. 그런데 여성이 남편을 무시하거나 바보 취급하고 혼자서 잘났다고 설치면 가정이 망하게 됩니다. 우리나라에서 치맛바람이 가장 센 곳은 학교로 아이들도 망하게 하지만 결국 나라도 망하게 합니다. 전국을 돌아다니면서 땅값이나 아파트값을 다 올려놓고 자녀의 위장 전입과 군 면제 같은 것을 주도하는 사람 중에 여성이 많다고 합니다.

우리 몸에서 심장이 해야 할 일은 온몸 구석구석에 피를 돌려서 몸 전체를 건강하게 하는 것입니다. 만일 우리 몸에서 어느 부분에 피가 제대로 가지 않으면 통증이 오기 시작합니다. 그래서 어디가 아프다는 것은 피가 안 통한다는 말로 생각하면 됩니다. 여성은 남편의 심장이고 가정의 심장이기 때문에 온몸에 골고루 피가 통하게 해야 합니다.

2. 남편의 의무

보통 남자들은 남자를 보조하기 위하여 여자가 있다고 생각합니다. 그래서 성경에서는 여자는 남자를 "돕는 배필"로 말씀하셨습니다(창 2:20). 그러나 여기 '돕는 배필'을 잘 해석해야 합니다. 우리나라 사람들은 남편이 돈 벌러 나가는 것을 가장 중요하게 생각합니다. 그래서 아내는 남편이 세상에 나가서 사람들에게 웃음거리가 되지 않도록 와이셔츠를 잘 다려야 하고 바지나 양복도 깨끗하게 해야 하며 바가지도 긁지 말아야 한다고 생각합니다. 그리고 남자가 언제 친구를 데리고 오든지 웃으면서 술상을 차려줄 줄 알아야 한다고 생각을 합니다. 그러나 '돕는 배필'은 그런 뜻이 아닙니다.

운동선수나 음악을 공부하는 사람에게 가장 중요한 것은 운동 기술이나 음악을 가르쳐주는 코치입니다. 코치가 없이 아무리 운동해도 소용이 없고 레슨을 받지 않고 아무리 음악을 해도 발전이 없습니다. 하나님은 여자를 만드실 때 남자를 돕는 배필로 만드셨지만 남자보다 못한 종이나 심부름꾼으로 만드신 것이 아니라 남자의 코치로 만드신 것입니다. 그래서 하나님이 먹지 말라고 하신 선악과를 따 먹을 때도 여자가 먼저 먹고 남자에게 안 죽으니까 먹으라고 주니까 남자는 아무 소리도 하지 않고 먹었던 것입니다. 그리고 망하기는 남자나 여자나 다 망하고 말았습니다. 여자는 남자에 비하여 말할 수 없는 자질이 많이 있지만, 힘이 약하고 전체적인 것을 보지 못하는 단점이 있습니다.

남편 중에 자기가 힘이 세다고 해서 여성을 때리는 남자가 있습니다. 아내는 자신의 새 심장이기 때문에 남편은 갈비뼈로 싸서 잘 보호해서 다치지 않게 해야 하고 늘 행복할 수 있게 해야 합니다. 왜냐하면 아내의 행복이 자기의 행복이기 때문입니다. 그래서 남편은 반드시 열심히 노력해서 돈을 벌어야 하고 자신의 정신적인 고통을 아내와 상담해야 합니다. 아내가 신앙이 돈독하고 남편을 위해서 항상 기도하는 집은 백만대군이 있는 집입니다. 물론 아내에게 부족한 것이 있을 것입니다. 경제적으로 가난한 집에서 자랐거나 혹은 만족할만한 학력을 가지지 못했거나 키가 크지 못하거나 할 때 남편은 그것을 메꾸어 주어야 합니다.

> 5:25-27, "남편들아 아내 사랑하기를 그리스도께서 교회를 사랑하시고 그 교회를 위하여 자신을 주심 같이 하라 이는 곧 물로 씻어 말씀으로 깨끗하게 하사 거룩하게 하시고 자기 앞에 영광스러운 교회로 세우사 티나 주름 잡힌 것이나 이런 것들이 없이 거룩하고 흠이 없게 하려 하심이라"

주님은 교회를 너무 사랑하셔서 자기 자신을 몽땅 다 주셨습니다. 그리고 우리가 부족하고 흠이 있는 것을 다 깨끗하게 하셔서 영광스럽게 하셨습니다. 남편도 아내에게 자기 모든 것을 다 주라고 말씀하고 있습니다. 마치 "그리스도께서 교회를 사랑하시고 그 교회를 위하여 자신을 주심 같이" 주라는 것입니다. 그러면 몇 배로 돌아오게 되어 있습니다.

3. 사랑하는 방법

제가 보기에 암놈과 수놈 사이에 가장 격렬하게 사랑하는 동물은 잉어인 것 같습니다. 봄이 되면 신천에 잉어가 산란하기 위하여 시내를 거슬러 옵니다. 그때 온 시내가 산란하는 잉어로 출렁이게 됩니다. 그래서 잉어들은 사람들이 다 보고 있고 뜰채로 뜨면 다 잡힐 수밖에 없는데도 미친 듯이 사랑을 합니다. 사람들은 강가에 서서 마치 신기한 쇼를 보듯이 쳐다보고만 있습니다. 그런데 남자나 여자에게 데이트는 중요하고 꼭 필요한 것입니다. 그러나 모텔을 들락거리면서 이상한 짓을 하는 것은 동물이나 다를 바 없는 것입니다. 성경에서는 자기 자신을 사랑하듯이 남편이 아내를 사랑하는 것이 결국 자기를 사랑하는 것이라고 했습니다.

> 5:28, "이와 같이 남편들도 자기 아내 사랑하기를 자기 자신과 같이 할 지니 자기 아내를 사랑하는 자는 자기를 사랑하는 것이라"

전에 어떤 분이 결혼하려고 하는데 어머니께서 누구를 데리고 와도 말을 하지 않는데 키가 작은 여자는 데리고 오지 말라고 하시는 것입니다. 그 시어머니 되시는 분은 키가 크고 기골이 장대한 분이었습니다. 그런데 막상 아들이 데리고 온 여자는 키가 작은 여자였습니다. 그리고 믿지 않는 집에서 혼자 신앙생활을 하고 있는 학생이었습니다. 시어머니는 곰곰이 생각하시다가 우리가 피부가 다른 나라에 가서 전도도 하는데 그 믿지 않는 집에서 혼자 믿음 생활하는 여자를 키가 작다고 해서 배척하는 것은 성경적이지 않다고 생각했습니다. 그래서 그 시어머니는 결혼을 승낙하셨습니다. 그런데 알고 보니까 그 아내는 너무나도 훌륭한 여인이었습니다.

일본 여자들은 지독한 면이 있는데 남편이 외도하고 나쁜 짓을 해도 못 본 체하다가 나중에 남편이 은퇴하고 나면 많은 위자료를 요구하고 이혼을 해버린다고 합니다. 그러면 남자는 황혼에 비참해지는 것입니다.

> 5:31, "그러므로 사람이 부모를 떠나 그의 아내와 합하여 그 둘이 한 육체가 될지니"

남편과 아내가 한 몸이라고 했습니다. 우리는 몸의 한 부분만 아파도 온몸이 아프고 고통을 느끼게 됩니다. 아마 이 세상에서 남편에게 가장 가슴 아픈 때는 아내가 아플 때일 것입니다. 연약한 몸으로 가정을 지켜오다가 몸까지 아프면 얼마나 불쌍하고 안타깝습니까? 특히 여성이 유방암이나 자궁암 같은 것으로 고통스러운 수술을 받을 때 하나님은 여성들이 아이를 낳는 것만 해도 얼마나 고통스러운데

저런 고통까지 주실까 하는 생각이 들게 됩니다.

물론 남편이 아내를 사랑하는 방법에는 같이 외국 여행도 다니고 좋아하는 보석이나 옷도 사주고 아내의 요구를 잘 들어주는 것이라고 생각합니다. 그러나 남편이 아내를 사랑하려고 하면 건강해야 합니다. 남편이 늘 아파서 골골거리면 아내는 어떤 것으로도 행복할 수 없습니다. 더욱이 남편이 빨리 죽어버리면 아내는 더 고통스러울 것입니다.

어떤 부부는 서로 사랑하면서 같이 죽기로 약속했습니다. 그러나 유감스럽게도 남편이 병으로 먼저 죽게 되었습니다. 그때 부인은 관을 보고 "너, 약속을 위반했어!"라고 하면서 울더라는 것입니다. 부부는 한 몸이기 때문에 아내를 아프지 않게 하는 것이 자기가 아프지 않는 비결입니다. 아내는 돈이 없어서 침체될 때가 많습니다. 그래서 남편은 기를 쓰고 나가서 돈을 벌어와서 아내와 아이들을 먹여 살려야 하는 것입니다.

그런데 아내가 가장 행복할 때는 같이 하나님의 말씀을 듣고 은혜를 받을 때입니다. 그래서 남편이 진정으로 아내를 행복하게 해주려고 하면 미련하게 신앙생활을 할 것이 아니라 말씀이 있는 교회로 아내를 데리고 가서 실컷 하나님의 말씀을 듣게 하는 것입니다. 이때 아내는 천사처럼 기쁘게 됩니다. 아내가 천사가 되면 남편은 천사의 남편이 되니까 얼마나 멋있겠습니까?

이 세상에서 가장 아름다운 모습은 여인이 너무나도 행복해서 눈물을 흘리는 장면입니다. 미국의 로이 리히텐슈타인이라는 화가의 작품 중에 〈행복한 눈물〉이라는 그림이 있습니다. 한 여자가 웃으면서 눈물을 흘리는 그림입니다. 이 만화같이 보이는 이 작품은 우리나라 돈으로 60억 원에 팔렸습니다. 비통해서 흘리는 눈물의 맛은 찝찔하지만, 행복해서 흘리는 눈물은 달콤하다고 합니다. 아내가 하나님의 말씀을 듣고 자신을 찾고 난 뒤 너무 행복해서 눈물을 흘린다면 우리는 60억 원을 벌고 있는 것입니다.

  부부끼리 의견이 맞지 않을 때는 시간이 좀 지나서 감정이 다 가라앉고 난 후에 물어보듯이 이야기하면 역시 그동안 서로 의사소통이 부족했고 오해를 했다는 것을 깨닫게 될 것입니다. 함께 하나님의 말씀을 듣는 사람이 그렇게 틀릴 수는 없는 것입니다. 모두 행복하시기 바랍니다. 두 사람 모두 장수하셔서 늙어서도 서로 손 잡고 외출하시는 건강한 부부가 되시기 바랍니다.

21

아버지와 아들

에베소서 6:1-4

가끔 세계 문학 전집을 보면 제목이 '아버지와 아들'로 되어 있는 것이 있습니다. 아버지와 아들은 이 세상에서 가장 가까운 사이이기도 하지만 어려운 관계이기도 합니다. 사람이 어렸을 때는 아버지가 집안의 기둥입니다. 그래서 아버지의 경제 능력에 따라서 온 가족이 행복하기도 하고 불행에 빠지기도 합니다. 자녀는 아버지의 경제력에 따라서 공부를 하기도 하고 공장에 다녀야 하기도 합니다. 아버지는 가정의 모든 중요한 결정을 내리고 자녀들은 자기도 모르게 아버지를 닮아가게 됩니다. 그러나 부정적으로는 아들의 경우 아버지는 엄마를 가운데 두고 서로 엄마를 차지하기 위하여 경쟁하는 관계가 됩니다. 그리고 아버지가 아들에게 너무 폭력적이고 권위적일 때 아들은 아버지로부터 심한 스트레스를 받아서 '오이디푸스 콤플렉스'(Oedipus Complex)가 생겨서 사회생활을 할 때 권위에 잘 복종하지 않게 되어 군대 생활이나 사회생활에 어려움을 겪게 됩니다.

오이디푸스 대왕 이야기는 그리스 비극 중에서 대표적인 비극입니다. 오이디푸스는 테베의 왕이 되려고 하는 사람은 자기 아버지를 죽이고 어머니와 결혼하게 된다는 신탁을 받게 됩니다. 오이디푸스는 길을 가다가 자기 아버지인 줄 모르고 싸워서 죽이게 되고 왕비를 차지하는데, 그 왕비는 그의 어머니였습니다. 오이디푸스는 자신의 패륜적인 행동에 양심의 가책을 받고 바늘로 두 눈을 찔러서 맹인이 되고 죗값을 갚기 위해 방황하게 됩니다. 이처럼 아버지가 너무 권위적이고 폭력적일 때 아들은 아버지를 죽이지는 않지만, 마음으로 거부하고 어머니를 사랑하게 됩니다. 그리고 많은 남자들은 어렸을 때 어머니 같은 여자와 결혼하려고 생각합니다. 그래서 아버지와 아들의 관계는 가까우면서도 어려운 관계입니다.

우리나라 가정에서 가장 큰 문제는 나이 드신 부모님을 누가 모실 것이냐 하는 것입니다. 옛날에는 의술이 발달하지 못해서 사실 노인이라고 해봐야 60살을 겨우 넘기고는 다 돌아가셨습니다. 그러나 지금은 의술이나 약이 많이 발달해서 웬만한 분들은 90살까지 사는 시대가 되었습니다. 그래서 최근에 돌아가시는 분 중에서 나이를 보면 90대가 아주 많습니다. 그런데 지금은 그 자녀들이 여유가 없고 치매에 걸린 노인을 집에서 모시는 것이 너무나도 어렵습니다. 그래서 나이가 많이 드신 부모님을 조금이라도 편하게 모시려고 요양원에 모시기도 합니다.

어느 가톨릭 방송에서 한 신부가 나이 드신 교인들을 모아놓고 강의를 하는데 옛날같이 재산을 미리 자녀들에게 상속하지 말라고 강조합니다. 부모가 자식에게 재산을 상속해도 자기 손에 돈이 없으면 자식에게 손을 벌리기 어렵다는 것입니다. 아들이나 딸이나 돈을 줄 때와 나중에 막상 부모님이 돈이 없거나 있을 때가 태도가 다르다는 것입니다. 그래서 나이 드신 부모님은 자녀를 교육시키고 결혼까지 시켰으면 모든 책임을 다했으니까 돈 가지고 계신 것 죽기 전에 다 쓴다는 생각을 가지고 풍족하게 사시라고 했습니다.

1. 어린이는 찰흙

　우리가 찰흙을 보면 물로 이겼을 때는 말랑말랑해서 어떤 모양도 만들 수 있습니다. 그러나 그것이 굳어지게 되면 딱딱하게 되어서 모양을 바꾸기 어렵게 됩니다. 그래서 로댕 같은 대조각가도 처음에 작품을 만들 때는 찰흙을 가지고 자기 아이디어대로 '생각하는 사람'이라든지 신체 모양 같은 것을 만들었습니다. 그리고 자기와 함께 사는 여인에게 매일 이 점토로 만든 작품에 물에 젖은 수건으로 덮어주라고 했습니다. 왜냐하면 그 점토를 돌보지 않고 그냥 두면 작품에 금이 가고 부서져서 못쓰게 되기 때문입니다.

　마찬가지로 어린아이들은 머리나 생각이 말랑말랑해서 어떤 모양이든지 만들 수 있습니다. 그래서 아이들에게 어려서부터 다윗과 아브라함 같은 신앙적인 인물 이야기를 많이 해주면 그들은 신앙의 사람으로 자라게 됩니다. 또 맥아더나 이순신 장군 같은 이야기를 많이 해주면 정의로운 장군이 되려고 노력할 것입니다. 그러나 반대로 삼촌이나 형이 조직 폭력배이고 주로 욕으로 말을 한다면 그 아이는 나중에 커서 폭력배가 되기 쉬울 것입니다. 그런데 우리나라 청소년 영화 중에는 좋은 신앙적인 영화는 거의 없고 주로 일진이나 폭력배들을 주된 내용으로 하는 영화가 많습니다. 그런 영화에서는 폭력배들을 아주 멋있는 사람으로 그리고 있습니다. 그러면 그런 영화를 보고 자란 아이들은 자기도 모르게 폭력배가 멋있는 것처럼 생각하고 따라가게 될 것입니다.

　지금은 세계적인 현상이지만 어린아이나 청소년들이 즐겨 하는 게임은 아주 폭력적이고 살인적인 내용이 많습니다. 그래서 미국 청소년 중에서는 게임과 현실을 구별하지 못해서 총을 가지고 자기 학교로 가서 학생과 교사를 무차별로 쏘아 죽이는 일들이 자주 일어나고 있는 것을 볼 수 있습니다.

어린아이의 마음은 마치 스펀지와 같아서 어떤 색깔의 물이든지 주는 대로 빨아들이게 됩니다. 그래서 성경은 부모에게 어린이들에게 성경 말씀으로 가르치는 것이 가장 중요한 일이라고 말씀하고 있습니다.

6:4, "또 아비들아 너희 자녀를 노엽게 하지 말고 오직 주의 교훈과 훈계로 양육하라"

여기서 "노엽게 한다"는 것은 '화나게 만드는 것'을 말합니다. 어린아이는 힘이 없습니다. 그래서 어른이 때리면 맞을 수밖에 없고 비인격적인 대우를 당할 때가 많습니다. 어떤 부모는 자녀들이 서로 싸우면 옷을 다 벗겨서 집 앞에 세워놓는다고 합니다. 그러면 그 아이들은 추울 뿐 아니라 얼마나 마음속에 창피한 생각이 드는지 모릅니다.

저희 교회 어떤 어머니는 아기를 뱃속에 가졌을 때는 물론이고 어린 아기일 때도 목사님의 설교 동영상을 틀어놓고 같이 많이 들었다고 합니다. 그래서 이 아기는 교회에 와서 목사님을 보고도 두려워하지 않았습니다. 그 엄마 이야기로는 자기 아이는 매일 목사님 얼굴을 보았기 때문에 목사님을 보면 반가워한다고 했습니다.

어린이들에게 성경을 가르쳐주면 성경에 나오는 수많은 사람을 생각하게 됩니다. 자기가 아브라함이 되기도 하고 요셉이 되기도 하고 다윗이 되기도 하고 사도 바울이 되기도 하는 것입니다. 어린이들에게는 상상력이라는 무궁무진한 세계가 있습니다. 그 세계와 성경의 세계가 만나면 어린이들의 머리속에는 엄청난 하나님의 나라가 만들어지게 됩니다. 거기에다가 부모가 그들을 사랑하기까지 해준다면 아이들은 악해지려고 해도 악해질 수가 없고 사무엘같이 하나님의 음성에 민감하게 됩니다.

또 어린이들을 "주의 교훈과 훈계로 양육하라"고 했습니다. 옛

개역성경에는 "주의 교양과 훈계"라고 했습니다. 하나님의 말씀이 어린아이들에게 정신적 양식이 되는 것입니다. 그래서 성경은 어린아이들도 잘 이해할 수 있도록 많은 부분이 이야기체로 되어 있습니다. 그러나 훈계도 있습니다. 어린아이들도 죄인이기 때문에 호기심 때문에 죄를 지을 때가 있습니다. 그때 아이들을 무조건 때리고 야단치는 것이 아니라 성경 말씀을 가지고 죄가 얼마나 무서운지 가르쳐 주어야 합니다. 그래서 어렸을 때 성경적인 부모를 만나는 것은 큰 축복입니다.

또 어려서부터 교회를 다닌 어린이는 남들이 알지 못하는 엄청난 꿈과 상상의 세계를 가지고 있습니다. 세례 요한은 어머니 배 속에 있을 때부터 성령 충만했습니다. 어린이들은 하나님을 찬송할 때도 땀을 흘려가면서 온 힘을 다하여 찬송을 합니다. 이런 어린이들이 하나님께서 귀히 쓰시는 어린이입니다. 스펄전은 어렸을 때 할아버지 서재에서 《천로역정》을 백번 읽었다고 합니다. 어린이에게 애니메이션이 미치는 영향은 거의 절대적입니다. 미국의 일부 애니메이션 회사는 애굽의 왕자나 요셉 같은 성경의 인물을 만화 영화를 만듭니다. 그런 것을 보면 아직 미국은 끝장나지 않은 것 같습니다.

2. 반항의 시기

아이가 청소년 시기가 되면 자기 자신의 정체성을 찾으려고 합니다. 그래서 청소년 시기가 되면 자기 스스로의 생각과 체험으로 하나님을 만나기를 원합니다. 이때 아이들은 부모에게 반항하는 것이 자기를 찾는 길이라고 생각합니다. 그래서 부모가 무슨 말을 해도 대들고 옷이나 스타일도 이상하게 입고 다니기도 하는 것입니다. 왜냐하면 그렇게 할 때 다른 아이들이 알아주고 자기도 자기를 찾는 것 같기 때문입니다. 이때는 더 이상 지금까지 들어왔던 착한 아이가 되지 않으려고 합니다. 오히려 부모 말씀이나 성경 말씀에 반항함으로써 자기 자신을 찾을 수 있다고 생각합니다.

이때 아이들은 부모나 형이 무슨 소리를 해도 반항하기 때문에 좋은 선생이나 멘토의 도움이 필요합니다. 그리고 하나님이 눈에 보이지 않기 때문에 교회를 나가지 않게 됩니다. 또 다른 친구들과 어울리기 위해서 담배를 피운다든지 춤을 배운다든지 혹은 여학생들은 치마를 짧게 하거나 혹은 화장을 하는 것을 좋아합니다. 그러나 이때 누군가가 신앙 수련회나 캠프에 초청해서 거기서 말씀으로 은혜를 받고 찬양으로 하나님을 만났을 때 이 아이는 교회가 세상보다 더 재미있다는 것을 알게 됩니다. 그리고 어느 순간에 자기 죄를 하나님께 고백하게 됩니다. 그리고 부모와의 관계도 좋아지고 공부도 열심히 해서 성공하게 됩니다. 그래서 청소년기에는 교회에서 친구를 사귀는 것이 중요하고, 자기 나름대로 수련회나 부흥회에서 좋은 목사님을 만나서 은혜를 체험하면 그 은혜가 한평생 가게 됩니다.

청소년들이 부모에게 반항해도 부모를 싫어하거나 부정하는 것은 아닙니다. 단지 자기 자신을 찾으려고 몸부림을 치는 것이지요. 이때 목사님이나 부모가 시간을 두고 좀 기다려주면 정신을 차리고 돌아오는 사람들이 많이 있습니다. 이제는 미국이나 우리나라에서는 학교에서 종교 교육을 가르치지 못하게 하고 있습니다. 군대에서 세례받는 사람 중에 미션 스쿨을 다녀서 하나님의 말씀이 생각났다는 군인들도 있습니다. 그러나 이때는 개인적으로 하나님을 체험하도록 하는 것이 중요합니다.

3. 노년의 문제

　자녀들은 부모가 늙지 않고 언제나 자기를 기다리시며 자기가 가기만 하면 반갑게 맞이한다고 생각합니다. 그러나 자녀들도 모르는 사이에 부모는 늙어가고 있고 어느 순간에는 더 이상 세상에 살아계시지 않습니다. 그때 자녀들은 자기 아이를 키우면서 부모의 심정을 이해하고 정말 부모를 보고 싶어 하게 됩니다. 미국 같은 사회에서는 자녀를 낳기도 하지만 입양을 많이 합니다. 그러나 고등학교 학비까지는 부모가 내주지만 대학은 자기가 벌어서 학비를 내야 할 때가 많습니다. 미국은 남의 도움을 함부로 받지 않는 것이 상식으로 되어 있습니다. 그래서 하버드나 MIT 같은 대학교를 장학금으로 졸업한 학생들도 상당한 빚을 지게 됩니다.

　그러나 우리나라에서는 아직 자녀들이 경제적으로 독립하지 못한 상태인데 부모가 경제적으로 허덕이기 시작합니다. 왜냐하면 우리나라는 기업체에서 50대 후반이면 벌써 퇴직을 해야 하기 때문입니다. 또 퇴직금을 가지고 사업 해보겠다고 창업한 분 중에서 성공하지 못하고 돈만 까먹는 분들이 많습니다. 거기에다가 아직 할아버지나 할머니가 살아계신 경우가 많습니다. 이때 할아버지 할머니가 건강하셔서 돈 쓸 일이 거의 없으면 다행이지만 치매나 중풍으로 어쩔 수 없이 요양원에 모셔야 할 경우에는 모든 형제가 모여서 현실을 인정하고 돈을 다 같이 내서 부담을 공유해야 합니다.

　청년들은 이제 자기 인생을 걸어가야 합니다. 35세부터 55세까지는 한창 정신없이 자기 일을 해야 하고 자기 길을 가고 있어야 합니다. 물론 30대 초반까지도 자기 길을 잘 찾지 못하는 경우가 많습니다. 그리고 60세 정도 되면 창의력은 거의 없고 무슨 새로운 일을 할 힘이 없게 되는 것입니다.

　그러나 우리 크리스천들에게 가장 중요한 원리는 아버지와 어머니에게 순종하라는 교훈입니다.

6:1, "자녀들아 주 안에서 너희 부모에게 순종하라 이것이 옳으니라"

옛 개역성경에는 "공경하라"로 되어 있습니다. 부모가 인생을 다 살아보고 하시는 말씀을 귀담아들을 필요가 있고 특히 신앙적인 말씀에 순종해야 합니다.

부모를 공경하면 어떤 약속이 있습니까?

6:2-3, "네 아버지와 어머니를 공경하라 이것은 약속이 있는 첫 계명이니 이로써 네가 잘되고 땅에서 장수하리라"

"약속이 있는 첫 계명"이라는 말은 인간에 대한 계명이 제5계명부터인데, 바로 이 제5계명이 하나님께서 축복을 약속하신 계명이기 때문입니다. 부모를 공경하는 사람은 다른 사람들이 보기에도 참 좋을 뿐 아니라 악한 사람이 없습니다. 결국 하나님이 복을 주셔야 사람이 잘살 수 있습니다. 하나님은 "나를 사랑하고 내 계명을 지키는 자는 천대까지 복을 주신다"고 말씀하셨습니다. 교인들은 청년이 되어서 한창 정의감이 불타오를 때지만 교회를 사랑하고 교회를 분열시키는 행동을 해서는 안 됩니다. 왜냐하면 하나님이 교회의 머리인 것을 인정해야 하기 때문입니다. 그리고 늙어서까지 교회를 사랑하고 목사님의 설교를 사랑하는 사람은 큰 복을 받은 사람입니다.

부모를 공경하면 땅에서도 잘 되고 장수할 것이라고 했습니다. 요즘 사람들이 장수하는 것은 부모를 공경하고 하나님의 말씀을 사랑해서 공경하는 것도 있겠지만 의학이 발달하고 좋은 약이 많이 나와서 장수하는 것 같습니다. 어른들은 자기 스스로 열심히 운동하고 신앙생활해서 돈을 병원에 다 쓰지 않도록 해야 합니다. 그리고 평소에 절약하는 습관을 가지고 저축해서 나이가 들어서도 홀로 설 수 있어야 합니다. 이 세상에서 가장 아름다운 모습이 부부 두 사람이 늙어서도 손을 잡고 교회에 와서 하나님께 예배드리는 모습입니다.

나이 드신 어른에게 가장 힘든 것은 미래에 대한 꿈을 가질 수 없다는 사실입니다. 이제 남은 시간이 많지 않기 때문입니다. 그리고 힘들게 고생해서 교육시켜 놓았는데 사회생활 하면서 신앙생활 하지 않는 자녀들이 많다는 것입니다. 이제 이 세상이 소돔과 고모라처럼 되는 것이 대세가 되었습니다. 이러한 때라도 신앙의 부모는 계속 자녀에게 세상 성공보다 신앙생활이 더 중요하다는 것을 교훈해야 합니다. 우리에게 비전이 있습니다. 우리에게 오순절 성령의 역사가 또 일어나는 것이 부흥이고 비전입니다. 우리는 저 영원한 천국의 상급과 영생을 자녀와 손자들에게 가르쳐주어야 합니다.

우리는 부모에게 순종하는 것이 옳습니다. 부모도 사람이기 때문에 틀릴 때도 있습니다. 그러나 그때도 부모를 함부로 대하면 안 됩니다. 노인들이 화가 날 때는 젊은이들이 자기를 무시할 때입니다. 어른들은 마음은 아직 청년 때와 다르지 않은데 노인이라고 해서 아예 뒷방으로 처박아 놓고 상대도 하지 않을 때 자기를 벌써 죽은 사람 취급을 하니까 화가 나는 것입니다.

우리는 부흥을 사모해야 합니다. 부흥에는 나이 차이도 없고 모든 사람이 다 복을 받게 됩니다. 하나님의 말씀에 반항하지 말고 순종해서 모두 복을 받는 성도들이 되시기 바랍니다.

22

크리스천의 사회생활

에베소서 6:5-9

세상의 모든 일이 다 그렇지만 이론과 실제 사이에는 많은 차이가 있습니다. 이론이나 공식만 보면 틀림없는 결과가 나오게 되어 있지만 실제로 해 보면 그렇게 되지 않을 때가 더 많습니다. 그래서 정확한 결과가 나오기 위해서는 공식만 외운다고 해서 되는 것이 아니라 많은 실험과 실습이 필요한 것입니다. 이것은 신앙생활에도 마찬가지입니다. 성경만 읽고 예배만 드릴 때는 모든 일이 참 쉬울 것 같은데 실제로 부딪쳐보면 반대도 있고, 생각지도 못한 장애들이 생기기도 하는 것입니다.

우리나라에서는 사람들이 사회생활을 할 때 술을 마셔야 한다고 생각합니다. 그래서 직장의 신고식도 술로 하고 교제할 때도 술을 마십니다. 세상 사람들은 모든 것을 술로 시작하는 것입니다. 그런 의미에서 크리스천들은 사회생활에 불리할 때가 많습니다. 그리고 대개 남자들의 사회생활은 군대에서부터 시작된다고 말합니다. 군대 가기 전에 대학생들은 모든 것이 자유입니다. 수업에 들어갈 수도 있고 빠질 수도 있고 밤새도록 기타를 치고 술 마실 수도 있고 친구들과 철학 문제를 가지고 토론할 수도 있습니다. 그러다가 군대에 들어가게 되면 자유는 없어지고 그때부터는 모든 것을 상관의 명령에 복종해야 합니다. 그런데 어떤 사람은 자기가 인생에 성공하는 비결을 군대에서 배웠다고 하기도 합니다.

오늘 우리의 사회생활은 일단 직장을 가지는 것이 중요합니다. 직장이 없으면 사회생활을 할 수 없습니다. 직장 속에는 상사나 동료와의 관계가 있고 거래하는 거래처 사람들과의 관계도 있을 것입니다. 그런데 그 직장 중에서 자신의 비전을 실현할 수 있는 직장을 찾는 것은 참으로 어렵습니다. 어떤 직장은 겉으로는 번드르르한데 막상 들어가 보니까 상사라는 인간이 무능하고 욕이란 욕은 다 퍼붓고 아랫사람을 견디기 어렵게 만들어서 나와야 하는 경우도 있습니다. 만약 이런 직장이 나에게 맞지 않아서 옮겨야 하겠다는 생각이 들면 빨리 옮기는 것이 좋습니다. 왜냐하면 시기를 놓치면 죽도 밥도 안되는 경우가 많기 때문입니다.

우리나라에서 직장을 가질 수 있는 시기는 대학이나 대학원을 졸업할 때 아니면 군대를 제대할 때입니다. 그때를 지나면 직장을 가지려 해도 채용되기가 어렵습니다. 어떤 사람이 직장을 가져보니까 가장 문제가 되는 것이 정규직과 임시직의 차이더라는 것입니다. 정규직은 일단 입는 유니폼이 임시직과 다르고 같은 일을 해도 봉급에 엄청나게 차이가 있는 것입니다. 그리고 임시직은 오래 그 일을 할 수 없고 1년이나 2년이 지나면 법에 따라서 그 일을 그만두어야 합니다. 대학교에서도 같이 박사 학위를 받고 학생들을 가르친다고 해서 같은 것이 아닙니다. 정교수는 그야말로 직장이 보장된 것이고 불법을 저지르지 않는 이상 아무도 그를 함부로 쫓아내지 못합니다. 그러나 시간 강사는 그야말로 얼마 되지 않는 돈을 받고 보따리 장사로 몇 개 대학을 뛰어야지 겨우 입에 풀칠할 수 있는 정도입니다.

그런데 옛날 로마 시대의 크리스천들은 여성이나 노예가 많았습니다. 이 당시 노예는 사람 취급을 받지 못했습니다. 단지 주인의 재산의 일부이거나 부리는 짐승에 불과했던 것입니다. 조나단 에드워즈의 전기를 보면 부모 집에 노예가 있었는데 일거리가 적으니까 다른 집에 기계처럼 빌려주고 돈을 받는 내용이 나옵니다. 옛날 노예들은 특별한 이유 없이 주인에게 채찍으로 맞아야 했습니다. 맞지 않으면 주인의 말을 잘 듣지 않는다는 것이 이유였습니다. 그리고 만약 노예가 주인을 죽이면 그 집에 있는 노예들을 모두 죽이는 것이 로마의 법이었습니다.

1. 예수님에게 복종하듯 하라

노예 제도는 틀림없이 하나님 앞에서 옳은 제도가 아닙니다. 그러나 성경은 어느 곳에서도 노예 제도가 틀렸기 때문에 배척해야 한다는 말씀이 없습니다. 오히려 성경은 종들에게 주인의 말에 두려워하고 떨며 성실한 마음으로 순종하라고 권면하고 있습니다.

> 6:5, "종들아 두려워하고 떨며 성실한 마음으로 육체의 상전에게 순종하기를 그리스도께 하듯 하라"

모든 인간은 하나님 앞에서 다 똑같이 존엄하게 지음을 받았습니다. 그런데 왜 하나님께서는 그렇게 오랫동안 인간의 노예 제도에 대하여 침묵을 지키셨을까요? 어떤 인간은 비열하고 무능한데도 주인 노릇을 하고, 어떤 사람은 아무리 똑똑해도 노예밖에 안 되고, 어떤 때에는 원형 경기장에서 칼싸움이나 하다가 죽어야 했던 것입니다. 이것은 지금도 어느 정도 마찬가지일 것입니다. 같은 사람인데도 어떤 사람은 직장에서 높은 자리를 차지하고 사람들을 야단치고, 어떤 사람들은 직장에서 쫓겨나지 않기 위하여 그 잔소리를 다 듣고 죽도록 일을 해야만 하는 것입니다.

왜 이런 일이 벌어집니까? 바로 인간의 죄 때문입니다. 모든 인간은 죄의 지배 아래 있다는 것을 하나님께서 보여주시는 것입니다. 아무리 사람이 잘 생기고 똑똑해도 죄를 지은 사람은 감옥에 들어가서 인간 이하의 대접을 받으면서 짐승처럼 철장에서 살아야 합니다.

미국의 마가렛 미첼이 쓴 《바람과 함께 사라지다》를 보면 노예 제도를 강하게 옹호하고 있는 것을 볼 수 있습니다. 즉 흑인은 백인의 가족이라는 것입니다. 그래서 백인은 흑인을 돌보아 주고 흑인은 백인을 위해서 일을 해야 이 아름다운 문명이 유지될 수 있다는 것입니다. 그래서 그는 남부의 그 아름다운 문명이 남북 전쟁으로 인해 바람과 같이 사라졌다고 말하고 있습니다.

그러나 이 세상에 죄가 있는 이상 노예는 없을 수 없습니다. 모든 인간은 죄의 노예입니다. 그런데 노예 중 어떤 사람이 예수를 믿어서 하나님의 사랑을 알았고 모든 인간은 다 하나님 앞에서 평등한 피조물이며 똑같은 인격을 가지고 있다는 것을 알았다고 합시다. 그가 주인을 무시하고 예배만 드린다면 아마 주인은 그 노예는 물론이고 기독교도 가만두지 않을 것입니다. 아마 모든 사람을 동원해서 기독교인들이 예배드리는 곳을 공격하여 한 명도 남김없이 다 죽이려고 할 것입니다.

그런데 어떤 집의 노예가 기독교를 종교로 가졌는데, 그는 주인을 배반하기는커녕 주인을 가까이하고 더 주인의 말에 순종하는 것을 보게 된다면 주인은 기독교가 나쁜 종교가 아니라는 것을 깨닫고 교회에 나가는 것을 모르는 체 해줄 것입니다. 그래서 로마시대 때 많은 그리스도인은 카타콤이라는 지하 무덤에 모여서 예배를 드렸습니다.

우리는 결국 이런 탄압을 하나님께서 우리를 단련시키시는 것으로 생각해야 합니다. 지금까지 기독교는 우리나라에서 무한정의 자유를 누렸습니다. 그러나 코로나 팬데믹으로 확진자가 생기면서 공적 예배나 모임을 중단시켰습니다. 그래서 어떤 종교 지도자들은 지하철이나 버스 같은 대중교통 수단에서는 수많은 사람이 같이 있어도 확진자가 생기지 않는데 왜 정부에서 기독교를 탄압하느냐 하면서 저항하기도 했습니다. 기독교에서 대면예배는 생명이기 때문에 한 치도 물러설 수 없다고 강경하게 말하기도 합니다. 다 좋습니다. 그러나 우리는 기독교가 자신의 자유를 이용해서 교회 건물만 크게 만들고 사람들에게 헌금만을 강요한 것을 인정하고 복종할 것이 있으면 복종을 해야 할 것입니다. 우리가 이 세상에서 훈련받는 것은 더 크고 유능하기 위해서 받는 것이지 망하라고 받는 것이 아닙니다.

2. 하나님의 보상

로마에서 그리스 사람들은 주로 노예였습니다. 그러나 그들은 역사를 공부해서 역사학자가 되기도 하고 의술을 연구해서 의사가 되기도 했습니다. 이솝 우화를 쓴 이솝도 노예였습니다. 그러나 그가 동물의 관계를 인간 사회에 워낙 재치 있게 이야기를 꾸며내는 것을 보고 주인은 그를 해방해서 자유인이 되게 했습니다. 지금도 이솝만큼 재미있는 우화를 만들어내는 사람은 없을 것입니다. 이솝의 우화는 전부 자기가 만든 것은 아니라고 합니다. 그때까지 전해 내려오던 것을 수집하기도 하고 다른 사람이 만든 우화를 자기 것으로 만들기도 했다고 합니다. 그러나 그는 세계 최고의 우화 작가로 인정받고 있습니다.

넬슨 만델라는 남아공에서 무기를 든 무장 단체에 가입했다는 이유로 악명높은 루손섬에 갇히게 되었습니다. 그 섬에 갇힐 때 간수는 만델라에게 너는 살아서는 이 섬을 떠나지 못할 것이라고 장담합니다. 그러나 만델라는 교도소 안에서 더 많이 운동하고 더 많은 공부를 했습니다. 그는 26년간 감옥에 갇혀 있었지만 나중에 더 강건하게 되었고 만델라는 감옥에서 노벨 평화상을 수상합니다. 그는 결국 70세가 넘어서 자유를 얻었는데 남아공의 대통령이 되어서 인종 차별을 없애는 데 이바지하게 됩니다. 그래서 사람들이 명예를 얻는 것은 반짝하는 재주나 말장난으로 얻는 것이 아니라 한평생 인생 밑바닥에서 고생한 대가로 얻는 것입니다.

이 세상에서 눈가림만으로 충성하는체해서 성공하는 사람들이 있을 것입니다. 아마 이 사람들은 당장은 주인으로부터 인정받고 신임도 얻을 것입니다. 그러나 그의 마음에는 진정성이라는 것이 없습니다.

6:6, "눈가림만 하여 사람을 기쁘게 하는 자처럼 하지 말고 그리스도의 종들처럼 마음으로 하나님의 뜻을 행하고"

이 세상에는 두 종류의 종이 있습니다. 하나는 '사람의 종' 이고 다른 하나는 '그리스도의 종' 입니다. 여기서 '사람의 종' 은 주인이 보는 앞에서는 열심히 일하는체하고 알랑거리면서 충성하는체합니다. 그러나 그는 주인이 보지만 않으면 일을 하지 않고 다른 사람과 잡담을 하든지 엉뚱한 짓을 합니다. 거기에 비해 '그리스도의 종' 은 사람이 보든지 보지 않든지 자기에게 맡겨진 일을 꾸준히 합니다. 이 세상에는 사람의 종들이 인정을 받고 높은 자리도 차지합니다. 그러나 최종적인 심판자는 직속 상관이 아니라 하나님이십니다. 하나님께서 악한 종들을 쳐내실 때 사람의 눈에 아첨했던 인간의 종들은 한꺼번에 감옥이나 지옥에 들어가게 됩니다.

그러나 그리스도가 보시기에 정직했던 사람들은 늘 자신감이 있습니다. 그래서 우리는 이 세상에서 사람이 시킨 일을 하면서 사람의 일이라고 생각하지 않고 하나님의 뜻이라고 생각해서 일을 하는 것입니다. 그는 눈가림만 하는 것이 아니라 마음으로 최선을 다해서 그 일을 합니다. 그래서 그 일이 늦게 진척되기도 하고 사람의 눈에는 표시가 잘 나지 않을 수도 있습니다. 그러나 언젠가 하나님께서 그 사람의 일을 드러내실 때가 있는 것입니다.

우리는 무슨 선을 행하든지 종이나 자유인이나 하나님으로부터 그대로 상을 받는다는 것을 알아야 합니다.

> 6:8, "이는 각 사람이 무슨 선을 행하든지 종이나 자유인이나 주께로부터 그대로 받을 줄을 앎이라"

세상에서는 자유인이냐 종이냐를 중요하게 생각합니다. 또 정규직이냐 임시직이냐를 중요하게 생각합니다. 그러나 어떤 처지에 있든지 성실하게 일하는 자는 주님이 그에게 갚아주시는 것입니다. 아무리 주인이라 하더라도 불성실한 자는 망할 것이요 아무리 노예라 하더라도 성실히 일하는 자는 명예를 얻을 것입니다.

3. 주인도 주님의 종이다

주인은 자기가 모든 것을 결정할 수 있기 때문에 다른 사람의 눈치를 보지 않고 노예를 학대할 수 있습니다. 그리고 자기를 최고로 생각하는 순간부터 사람은 미치기 시작합니다. 그래서 로마의 황제 중에 미치지 않았거나 동성애에 빠지지 않았던 사람이 거의 없을 정도라고 합니다. 왜냐하면 한 사람에 불과한 황제에게 어마어마한 나라와 부와 권세가 다 주어져 있기 때문입니다.

하나님께서 사람에게 많은 권력을 주시고 부를 주시는 것은 그를 시험해 보시는 것입니다. 그런데 사람이 자기가 가지고 있는 돈에 만족해서 돈을 마구 쓰고 권력에 도취되어서 자기 마음대로 권력을 쓴다면 그는 미치게 됩니다. 결국 돈으로 만족할 수 있는 것은 도박이든지 성적인 타락이며, 권력으로 만족하는 길은 다른 사람을 죽이는 것입니다. 그런 사람은 높은 자리까지 올라가기는 가는데 내려오는 길을 모릅니다. 아예 거기서 내려오는 길이 없습니다. 결국 그는 높은 자리에서 얼어 죽든지 아니면 떨어져 죽는 것입니다.

6:9, "상전들아 너희도 그들에게 이와 같이 하고 위협을 그치라 이는 그들과 너희의 상전이 하늘에 계시고 그에게는 사람을 외모로 취하는 일이 없는 줄 너희가 앎이라"

사람의 문제는 다른 사람을 인격적으로 대해주면 그들이 알아서 열심히 일을 하는 것이 아니라 오히려 주인을 바보 취급하고 주인의 머리 꼭대기에 앉아서 주인을 부리려고 할 때가 많다는 것입니다. 그래서 사람들은 다른 사람에게 잘해주고 싶어도 그렇게 하지 못할 때가 많이 있습니다. 그러나 부하나 종들을 인격적으로 대하는 주인은 결코 바보라서 그렇게 하는 것이 아닙니다. 그리고 하나님께서는 우리를 늘 지켜보고 계십니다. 그래서 종들이 주인의 말을 듣지 않고 속이는 것도 죄이지만 주인이 권력을 남용하는 것은 더 큰 죄가 되는 것입니다. 하나님은 사람을 외모로 취하지 않는다고 하셨습니다. 그래서 겉모양이 멋있다고 해서 그 사람이 훌륭한 것은 아닙니다. 하나님께서는 모든 사람을 그들이 한 대로 갚아주실 것입니다.

지금 현대 사회는 거대한 기계처럼 톱니를 맞추어서 돌아가고 있습니다. 사람들은 그 어마어마한 기계의 한 톱니밖에 되지 않는 것입니다. 그리고 이 톱니에 들어가지 않으면 그 사람은 실패한 사람이라고 해서 사회에서 끼워주지도 않습니다. 우리는 톱니에 들어가면서도 결코 톱니가 되어서는 안 됩니다.

특히 현대 사회에서는 약자들이 노동조합을 만들어서 막강한 힘을 발휘하고 있습니다. 요즘 기업들은 노조와의 관계가 좋지 못하면 결국 망하게 됩니다. 사실 정치하는 사람의 입장에서는 기업 경영자라고 해 봐야 한 명밖에 되지 않지만 노조는 표가 몇만 표, 몇십만 표가 되기 때문에 노조 편을 들 수밖에 없습니다. 그래서 우리나라는 이미 사회주의 사상을 가진 자들이 정권을 쥐고 말은 평등이라고 하면서 자신들의 정치를 하고 있습니다. 그래서 오늘날은 정의가 죽어버렸습니다. 결국 여론 조사나 표의 수가 정의입니다.

그러나 우리는 하나님이 모든 것을 보고 계신다는 사실을 잊어서는 안 됩니다. 아무리 사람의 표가 많고 여론 조사에서 인기가 높아도 인간은 하나님을 이길 수 없습니다. 우리는 어차피 사회생활을 할 수밖에 없습니다. 아브라함 카이퍼는 영역 주권이라고 해서 하나님이 모든 영역의 주인이라고 했습니다. 그리고 칼빈은 직업을 소명이라고 해서 빵 장수나 구두 수선공이나 정치인이나 모두 자기 소명이기 때문에 목사나 마찬가지로 직업이 소중하다고 했습니다. 그래서 막스 베버는 칼뱅주의에서부터 자본주의가 나왔다고 주장합니다.

하나님은 모든 인간에게 똑같은 시간을 주십니다. 이것은 하나님이 우리를 시험해보시는 것입니다. 꼭 왕이라고 해서 좋은 것이 아니고 장관이나 교수라고 해서 좋은 것도 아닙니다. 자신의 위치에서 최선을 다하는 사람이 주인공이고 성공적으로 사는 사람입니다. 어디서 무엇을 하든지 하나님 앞에서 정직하고 성실한 사람들이 다 되시기 바랍니다.

23

영적 전쟁에 이기라

에베소서 6:10-24

현재 이스라엘에는 '아이언 돔'이라는 미사일 방어시스템이 있습니다. 얼마 전 팔레스타인에서는 이스라엘을 향해 200발 이상의 미사일을 쏘았습니다. 그러나 이스라엘에서는 이것에 대응해 미사일을 발사했는데 무려 90퍼센트를 공중에서 폭파해 버렸습니다. 그래서 이스라엘 사람들이 사는 땅에는 거의 미사일이 떨어지지 않았습니다. 그래서 언젠가 이스라엘의 수상이 우리나라에 와서 이 아이언 돔 시스템을 구입하라고 한 적이 있습니다. 그러나 우리나라는 이스라엘과 달리 산이 많아서 부적합한 것으로 결론이 났습니다.

앞으로 갈수록 전쟁의 양상은 달라질 것입니다. 요즘은 전쟁할 때 탱크를 몰고 군인이 넘어오는 것이 아니라 먼저 미사일을 수백 발 쏘아서 통신망을 마비시키고 미사일 진지를 부수고 그러고 난 후에 지상군이 넘어가는 것을 볼 수 있습니다. 그리고 사람 대신에 드론을 띄워서 정찰하고 드론에서 폭탄을 떨어트리기도 합니다.

우리 예수 믿는 사람들은 세상 사람들이 겪는 어려움을 다 겪으면서 그들이 당하지 않는 시험까지 당하고 있습니다. 이러한 시험을 나중에 알고 보면 전부 사탄의 공격인 것을 알 수 있습니다. 그래서 우리 그리스도인들은 사람이 공격해도 막아야 하지만 항상 그 뒤에 마귀가 조종하고 있다는 사실을 알아야 합니다. 그래서 우리가 먼저 마귀를 이겨버리면 사람도 이길 수 있습니다.

1. 마귀의 공격

일단 전쟁을 하려면 우리 쪽에 군대가 있어야 하고 무기가 있어야 합니다. 6·25 때 북한은 소련제 탱크 수백 대를 가지고 있었는데 반하여 우리 국군에는 탱크가 한 대도 없었습니다. 거기에다가 미군은 우리가 전쟁을 일으킬까 봐 트랙터까지 다 가지고 가는 바람에 정말 우리 군대는 오합지졸에 불과했습니다. 그러나 전쟁을 치르면서 우리 국군은 강해졌습니다. 그리고 인천상륙 작전 이후에 북한군은 거의 전멸되다시피 했습니다.

이 세상에서 우리가 겪는 모든 어려움은 마귀와의 전쟁 때문입니다. 그러므로 우리는 마귀와 그 엄청난 군대가 이 세상에 있다는 사실을 깨달아야 합니다. 마귀는 돌아다니는 사자처럼 졸개들과 함께 세상을 휘젓고 다니고 있습니다. 이때 우리는 두 가지를 생각해야 합니다. 하나는 우리 집이나 우리는 사자 같은 맹수를 충분히 이길 수 있는 준비가 되어 있는가 하는 것입니다. 그리고 평소에 나쁜 사람이나 맹수를 막을 수 있도록 집의 문이나 벽이 튼튼한가 그리고 맹수를 잡을 수 있는 장비를 늘 확인해야 합니다.

이와 마찬가지로 이 모든 전쟁이나 우리가 겪는 어려움이나 질병은 마귀가 뒤에서 조종하고 있는데, 이를 대비하기 위해 얼마나 준비하고 있습니까?

6:10, "끝으로 너희가 주 안에서와 그 힘의 능력으로 강건하여지고"

우리는 평소에 그리스도의 강한 군사가 되어야 합니다. 강한 군사는 하나님의 말씀을 많이 먹고 은혜가 충만해 있어야 하고 기도의 불이 계속 붙어 있어야 합니다. 만약 우리가 침체해 있으면 아무 힘이 없기 때문에 마귀가 와서 우리 머리를 쥐어뜯고 멋대로 괴롭히며 종처럼 부려 먹으려고 할 것입니다. 그래서 우리는 항상 하나님의 말씀을 듣고 강한 군사가 되어 있어야 합니다.

그런데 우리가 때때로 너무 유치한 수준의 말씀만 듣거나 혹은 세상에 빠져서 기도도 하지 않고 세상 사람들의 가치관을 그대로 가지고 살아간다면 마귀와의 전쟁에서 지고 말 것입니다. 청년들의 진로 문제도 있고 집값 문제도 있을 것이며 직장에서 적대시하는 사람들과의 문제도 있을 것입니다. 질병의 문제도 있고 돈 문제도 있고 대인관계나 직장의 문제도 있을 것입니다. 우리는 이런 것들을 잘 대비하고 있어야 합니다. 그렇지 않으면 사탄의 공격으로 망신을 당하거나 신세를 망치게 됩니다.

요즘 우리 사회에서도 여자 문제로 '미투'를 당해서 망신당하는 자들이 많이 있습니다. 구약 성경의 그 위대한 영웅 다윗이나 삼손도 결국 여자 문제에 걸려서 넘어졌습니다. 그래서 여성의 문제는 아주 조심해야 합니다. 특히 성질이 급하거나 화를 잘 내는 사람은 마귀가 이용하기에 가장 좋은 사람들입니다.

우리는 항상 주 안에 있어야 합니다. 즉 주님의 말씀과 교회 안에 있어야 하고 주님과 항상 기도로 교통하고 있어야 마귀를 이길 수 있는 것입니다.

그러면 마귀에게는 어떤 약점이 있을까요?

6:11, "마귀의 간계를 능히 대적하기 위하여 하나님의 전신 갑주를 입으

라"

마귀가 쓰는 주 무기는 "간계" 입니다. 여기서 간계라는 것은 아주 좋지 못한 속임수 전략을 말하는데 굉장히 종류가 다양합니다. 그 첫째가 거짓말 선전입니다. 우리나라도 한때 거짓말 선전으로 어려움을 겪었던 때가 있었습니다. 그 대표적인 예가 광우병 파동이었습니다. 이때 정부는 기가 죽어버렸습니다. 그리고 정부 정책에 신뢰하기 어려울 때가 있습니다. 즉 코로나로 인하여 많은 가짜 뉴스가 있는가 하면 정부의 거짓 정책도 있는 것입니다. 그래서 우리는 적이 아주 가까이 있다는 것을 알아야 합니다. 그래서 우리는 늘 조심해야 하고 이런 사탄의 전략을 잘 파악하고 있어야 합니다. 그러면 절대로 마귀에게 지지 않습니다. 왜냐하면 우리 주님이 악을 때려부수는 데 전문가이시기 때문입니다. 그는 철장으로 마귀를 질그릇같이 부수실 것입니다.

2. 우리 싸움의 대상

우리가 누구를 상대로 해서 싸우느냐 하는 것은 아주 중요합니다. 야간 전투 같은 경우에는 잘못해서 자기 편끼리 총을 쏠 수 있기 때문입니다. 그래서 우리는 자신의 적을 분명히 알아야 합니다.

6:12, "우리의 씨름은 혈과 육을 상대하는 것이 아니요 통치자들과 권세들과 이 어둠의 세상 주관자들과 하늘에 있는 악의 영들을 상대함이라"

일단 우리의 싸움의 대상은 혈과 육이 아니라는 것입니다. 즉 사람이 우리의 적이 아니라는 것입니다. 사탄은 언제나 사람을 이용해서 공격합니다. 그래서 우리는 사탄의 공격은 사람을 통해서 받지만 사람은 사탄의 하수인에 불과하고 우리의 적은 보이지 않는 사탄이라는 것을 바로 알아야 합니다. 우리가 보이지 않는 사탄과 어떻게 싸울 수 있겠습니까? 사탄은 우리를 뻔히 보면서 공격하고 있는데 우리는 사탄을 전혀 볼 수 없습니다.

그래서 우리는 사탄의 전략을 바로 알고 있어야 합니다.
첫째, 사탄은 우리의 미움이나 의심을 이용합니다. 즉 사람끼리 미워하게 하고 의심하게 하고 화나게 만듭니다. 그래서 공격하게 만드는 것입니다. 우리의 적은 엄청납니다. 우리는 통치자와 싸워야 하고 어둠의 주관자 즉 폭군과 싸워야 합니다. 더 어려운 것은 권세와 하늘에 있는 영과 싸워야 한다는 것입니다. 우리의 적은 마귀와 수많은 귀신이며 그들의 하수인인 권력을 가진 자들입니다. 우리는 악의 세력 앞에서 비겁하게 무릎을 꿇거나 타협을 하면 안 됩니다. 우리에게 일차적으로 중요한 것은 정직과 성실입니다. 정직과 성실이 인정되면 미워하지 못할 것입니다. 그리고 악한 통치자들이 가장 두려워하는 것은 여론입니다. 그래서 크리스천들은 좋은 여론을 조성해서 통치자들에게 기독교가 사회에 나쁜 영향을 미치는 종교가 아니며 오히려 유익을 주는 종교라는 것을 인식시켜야 합니다.

또 우리는 세상의 전문가들과도 협력이 필요합니다. 병이 났을 때는 병원에 가서 치료를 받아야 하고, 고소당했을 때는 변호사들과 협의해야 하고, 우울증이 심할 때는 정신과 의사가 처방해주는 약을 먹어야 합니다. 그런데 사탄이 우리를 피할 수 없게 코너로 몰아붙일 때는 한판 붙어야 합니다. 왜냐하면 성경에서 마귀를 대적하라고 했기 때문입니다. 그렇게 합심해서 기도를 하는 가운데 주님이 쇠몽둥이로 사탄을 부수시도록 해야 합니다. 그래서 우리는 자기도 모르게 마귀에게 사용되는 하수인은 가까이하지 않는 것이 좋습니다. 왜냐하면 또 나를 이용하려고 할 수 있기 때문입니다.

3. 영적인 무장

옛날에 가장 무장이 잘 되었던 군대는 로마군이었습니다. 게르만족은 맨몸에다가 털옷 하나만 걸치고 쇠몽둥이 들고 달려들었지만, 로마군은 훈련이 잘되어 있었기 때문에 엄청난 전투에서 이기고 아시아와 유럽과 아프리카에 걸친 그 큰 영토를 지켰던 것입니다.

6:13, "그러므로 하나님의 전신 갑주를 취하라 이는 악한 날에 너희가 능히 대적하고 모든 일을 행한 후에 서기 위함이라"

우리는 하나님이 주신 완전한 무장을 하고 있어야 언제 어디서든지 사탄이 공격해도 일어서서 싸우고 승리할 수 있다는 것입니다. 물론 여기서 말하는 무장은 현대 전투에서는 시대에 뒤떨어지는 것은 사실입니다. 그러나 보병으로서 반드시 지키고 있어야 할 무장이라고 할 수 있습니다.

지금도 휴전선이나 해안 방어하는 곳을 지키는 장교나 사병들은 밤에도 군화를 벗지 않고 허리띠에 권총을 풀지 않고 의자에 앉아서 잠을 잔다고 합니다. 왜냐하면 언제 방어망이 뚫릴지 모르기 때문입니다.

6:14, "그런즉 서서 진리로 너희 허리 띠를 띠고 의의 호심경을 붙이고"

군인이 되면 먼저 군복을 입는 것이 중요합니다. 왜냐하면 러닝셔츠를 입고 슬리퍼를 끌고 전투를 할 수 없기 때문입니다. 요즘 우리 군인은 대개 얼룩무늬가 있는 위장복을 입습니다. 왜냐하면 그 복장이 잘 눈에 띄지 않기 때문입니다. 군인은 전쟁할 때 허리띠와 어깨띠를 띠는 것이 필수입니다. 왜냐하면 거기에 수통을 걸고 탄약이나 수류탄을 매달고 권총을 차야 하기 때문입니다. 여기서는 "진리의 허리띠"라고 했습니다. 즉 하나님의 말씀으로 허리띠나 어깨띠를 해야지 사람의 말이나 세상의 가짜 뉴스로 무장하면 전부 벗겨질 것입니다. 또 "의의 호심경"이라고 했는데 가슴에 붙이는 가죽으로 된 흉배를 말합니다. 즉 가슴에 있는 심장을 칼에 찔리거나 화살을 맞거나 총에 맞으면 살릴 수 없습니다. 그래서 항상 의로운 길로만 가야 하는 것입니다.

6:15, "평안의 복음이 준비한 것으로 신을 신고"

군인에게 군화는 제2의 생명이라고 할 수 있습니다. 신발이 발에 잘 맞지 않으면 물집이 생기게 되고 나중에 발이 썩게 됩니다. 그래서 걷지를 못하면 꼼짝하지 못하고 포로가 되는 것입니다. 그래서 "평안의 복음"으로 항상 신을 신으라고 했습니다. 복음은 믿지 않는 자에게도 필요하지만 믿는 자에게도 필요합니다. 우리는 복음을 들어야 힘을 낼 수 있고 불안을 이길 수 있습니다.

6:16, "모든 것 위에 믿음의 방패를 가지고 이로써 능히 악한 자의 모든 불화살을 소멸하고"

로마 군인은 방패로 유명했습니다. 그래서 그들이 모여서 거북이같이 앞과 뒤 그리고 머리 위에 방패를 얹으면 완전한 방어가 되었습니다. 적이 아무리 창으로 찌르고 발로 차도 그 방패진은 무너지지 않았습니다. 이것이 바로 믿음입니다. 우리는 주님이 함께하시는 것을 믿으면 되는 것입니다. 우리는 미래 문제를 두고 고민할 필요가 없습니다. 주님은 가장 좋은 것을 우리에게 주실 것입니다. 사탄은 우리에게 불화살을 쏘는데, 화살에 기름 덩어리를 붙여서 불화살을 쏘기도 하고 독화살을 쏘기도 합니다. 그때마다 우리는 믿음의 방패로 불을 막아내고 독도 막아내면 되는 것입니다.

6:17, "구원의 투구와 성령의 검 곧 하나님의 말씀을 가지라"

로마 군인들은 긴 창을 사용했습니다. 그래서 방패 사이로 접근하는 적을 찔렀습니다. 그리고 로마 군인의 칼은 아주 짧았습니다. 왜냐하면 긴 칼은 혼자 적과 싸우고 휘두르는 데는 힘이 있었지만 근접해서 싸우는 데는 무겁지 않고 쉽게 찌를 수 있는 짧은 칼이 유리했기 때문입니다. 그런데 중세에 가면 기사들이 사용하는 칼은 아주 크고 길어지게 됩니다. 아마도 그들은 힘이 있었기 때문인 것 같습니다.

또 "구원의 투구"를 쓰라고 했습니다. 군인은 무조건 철모를 써야 합니다. 왜냐하면 총알 파편이 날아올 수도 있고 폭탄 파편이 될 수도 있기 때문입니다. 머리에 총을 맞으면 살릴 수 없습니다. 그래서 항상 구원의 투구를 써야 합니다. 즉 우리는 하나님이 우리를 위기에서 구원하신다는 것을 늘 생각하고 있어야 하는 것입니다. 그래야 우리는 고개를 들고 적을 처다볼 수 있고 정확한 공격을 할 수 있습니다.

그런데 우리의 공격용 무기는 "성령의 검 곧 하나님의 말씀"입니다. 사탄은 바른 하나님의 말씀 앞에서는 힘을 쓰지 못합니다. 우리는 하나님의 말씀을 총으로 삼고 박격포로 삼고 사탄의 진을 폭파하는 폭탄으로도 사용해야 합니다. 하나님의 말씀은 공격용 무기입니다. 어떻게 하나님의 말씀이 공격용 무기가 될 수 있을까요? 우리가 이 말씀을 외우고 있으면 성령이 검같이 역사하고 폭탄 같은 공격을 퍼붓기 때문입니다.

6:18, "모든 기도와 간구를 하되 항상 성령 안에서 기도하고 이를 위하여 깨어 구하기를 항상 힘쓰며 여러 성도를 위하여 구하라"

"모든 기도와 간구를 하되 항상 성령 안에서" 기도하라고 했습니다. 우리는 기도하면서 성령의 역사에 민감해야 합니다. 우리는 성령이 일으키시는 변화에 언제나 반응해야 합니다. 사도 바울도 에베소 교인들에게 자기를 위하여 기도해주어서 입을 벌려 담대하게 복음을 전할 수 있게 해 달라고 부탁하고 있습니다. 더욱이 그는 쇠사슬에 매여 있기 때문에 침체하기 쉽습니다. 사도 바울은 자신이 침체하지 않고 늘 행복하게 복음의 비밀을 전하게 하고 감옥 안에서 불필요한 사탄의 공격과 조롱을 당하지 않도록 기도를 부탁하는 것입니다. 성도들의 기도가 없으면 복음을 전할 수 없습니다.

사도 바울은 자기의 사정을 알리기 위하여 "두기고"를 보낸다고 했습니다(21절). 그래서 에베소 교인들이 위로를 받기 원하고 하나님과 예수 그리스도의 평안과 믿음을 겸한 사랑이 형제들에게 있기를 바란다고 했습니다. 믿음을 겸한 사랑입니다. 눈먼 사랑도 아니고 무조건 퍼주는 사랑도 아니고 냉정할 때는 냉정하고 용감할 때는 용감하면서 하는 사랑입니다.

사도 바울은 "우리 주 예수 그리스도를 변함없이 사랑하는 모든 자에게 은혜가 있을지어다"(23절)라고 축복하며 이 엄청난 편지를 마치고 있습니다. 우리는 주님을 변함없이 사랑해야 합니다. 일이 잘될 때는 사랑하다가 사업이 어려워지면 사랑하지 않으면 안 됩니다. 언제나 변함없이 주님을 사랑하시기 바랍니다.